C.R.ロジャーズの
C.R.ROGERS

「カウンセラーの中核三条件」における
キリスト教的側面

鶴田 一郎 著

大学教育出版

まえがき

　心理臨床家になるトレーニングを受ける際に、まずレクチャーされるのがロジャーズのカウンセラーの三条件です。その三条件とは「自己一致または純粋性」「無条件の肯定的尊重」「共感的理解」の三つです。さらにまとめて「受容と共感」などとも言います。

　当時、集中的に精神分析のトレーニングを受けていた時でもあり、「いかにも素朴な理論だ」と思いました。はっきり言うならば、「これはあまり臨床には役立たないのではないか」とも思いました。

　それが一変する出来事がありました。名古屋大学大学院で田畑 治 教授にご指導を受けた体験です。特に博士論文の口頭試問の際、もうその頃は名古屋大学を退官された後だったのですが、わざわざ名古屋大学までお越しくださり審査に加わってくださいました。

　そして1時間近くにわたってその他の審査の先生の前で鶴田の「人となり」をお話し下さいました。その当時は、博士論文の審査に、その人の「人となり」を話すのは少し奇妙に感じましたが、心の中で手を合わせておりました。

　それからかなりの年月が経ち、やっとその意味が分かりました。田畑先生が話されたことは「カウンセラーの三条件を満た

す人物になれ」とのメッセージであったということです。そこから「三条件」自体を研究対象にし始めたわけです。

しかし、その道はあまりにも険しかったです。ロジャーズがアメリカ人であることはアメリカの歴史・文化・風土に根差した理論であるということですし、当然、牧師を目指していたロジャーズの過去を考えても宗教の影響も無視できません。

アメリカの宗教と言っても「キリスト教が主体であり、さらにその中でもプロテスタントが主体である」程度のことしか認識していなかった私は「アメリカの宗教」の勉強から始めました。また同僚の政治学専攻・村上智章先生の紹介でヴェーバーの『プロテスタンティズムの倫理と資本主義の精神』を読んでみたこともありました。

遅々として研究が進まない中、散歩をしていてふと田畑先生のお顔を思い出しました。そして「三条件」を満たしている先達たち、樋口由子先生、河合隼雄先生、國分康孝先生、國分久子先生、伊藤隆二先生、岩村聡先生などが次々に思い出されました。そこから一気に本書を書きあげました。

上の七人の方に共通しているのは、クライエントに対するunderstanding な態度です。understand は語源を辿れば「下に立つ」であり、つまり上から目線でクライエントを眺めているのではなく、クライエントの視点まで下がることを指します。ただし「クライエント――カウンセラーの役割関係は崩さずに」です。これらをまとめると、「カウンセラーの三条件」になるのです。

以上のような観点から本書を執筆いたしました。最後になりましたが、公私ともにお世話になり続けている田畑治先生に本書を捧げます。

2018年3月

　　　　　　　　　　　　　　　　　　　　　　　　鶴田一郎

C.R. ロジャーズの「カウンセラーの中核三条件」における
キリスト教的側面

目　次

第1章　C.R.ロジャーズのカウンセラーの中核三条件におけるキリスト教的側面 ―（1）「自己一致」について― ……………………………… 9

　Ⅰ．はじめに ― 問題の所在 ―　*11*
　Ⅱ．「最も小さき者」とは ― 聖書より ―　*19*
　Ⅲ．「最も小さき者」として覚醒すること ― アウェアネス ―　*23*
　Ⅳ．「最も小さき者」へ向かう回心 ― 変革体験 ―　*30*
　Ⅴ．おわりに ― まとめに代えて ―　*37*
　引用文献　*39*

第2章　C.R.ロジャーズのカウンセラーの中核三条件におけるキリスト教的側面 ―（2）「無条件の肯定的尊重」について― ……………………………… *42*

　Ⅰ．はじめに ― 問題の所在 ―　*43*
　Ⅱ．ロジャーズの両親のキリスト教信仰 ―「条件付きの愛」―　*51*
　Ⅲ．「アガペ」と「無条件の肯定的尊重」　*59*
　Ⅳ．おわりに ― まとめに代えて ―　*66*
　引用文献　*70*

第3章 C.R.ロジャーズのカウンセラーの中核三条件におけるキリスト教的側面 ―(3)「共感的理解」について― ………………… *72*

 Ⅰ．はじめに―問題の所在―　　*74*
 Ⅱ．「最も小さき者」の相互理解―了解―　　*80*
 Ⅲ．「最も小さき者」と共に歩むカウンセリング―同行―
  83
 Ⅳ．「最も小さき者の下に立つ」とは　　*85*
 Ⅴ．「ハーバート・ブライアンの事例」(1942)―ロジャーズの「不適切な応答」をめぐって―　　*88*
 Ⅵ．おわりに―まとめに代えて―　　*98*
 引用文献　　*101*

第 1 章

C.R. ロジャーズのカウンセラーの中核三条件におけるキリスト教的側面
― (1)「自己一致」について ―

Abstract: Carl Ransom Rogers proposed three conditions required of counselors: (1) genuineness or self-congruence, (2) unconditional positive regard, and (3) empathic understanding. This study examined christian aspects of self-congruence. Self-congruence means the state in which the "actual self" and "idealized self" are consistent. Only Jesus Christ completely met all these conditions. The keyword for exploring Jesus's self-congruence is "the least of these." There were four phases in the process through which Jesus achieved complete self-congruence: (1) Jesus realized that he himself was one of "the least of these," (2) self-awareness, (3) awareness of spirituality, and (4) spiritual conversion. When Rogers was young, he recognized that Jesus was "the son of a human being," not "the son of God." If Jesus were the son of God, He would be a faraway existence, only to be looked up to. On the other hand, if Jesus were the ethical son of a human being, Rogers might be able to reach him. Rogers decided to take the latter perspective, and kept developing as a counselor, following Jesus's way of life, which corresponded to the four phases described above.

要約：C.R. ロジャーズはカウンセラーの三条件を提唱している。それは①「純粋性」または「自己一致」、②「無条件の肯定的尊重」、③「共感的理解」である。このうち本章では①の「自己一致」のキリスト教的側面を検討する。自己一致とは「あるがままの自分」と「思い込みの自分」とが一致することである。カウンセラーの三条件を完全に満たしているのはイエス＝キリスト唯一人である。イエスの「自己一致」という面を探究する場合のキーワードは「最も小さき者」である。イエスが完全なる「自己一致」を達成させていくプロセスには次の4段階がある。第1段階：イエス自身も「最も小さき者」の一人と気づくこと。第2段階：自己覚醒。第3段階：スピリチュアリティの覚醒。第4段階：変革体験。青年期のロジャーズは、イエスは「神の子」ではなく「人の子」であるとの認識に達する。イエスが「神の子」であれば、それは仰ぎ見るだけの遠い存在である。その一方で、イエスが高度に倫理的な「人の子」であれば、ロジャーズも、そこに到達できる可能性が芽生える。ロジャーズは後者の立場を採った。そしてロジャーズは、イエスと同じ道をカウンセリングの世界で歩み続けたのである。その道とは、上述したイエスの4段階に対応しているのである。

キーワード (Key Words)：イエス＝キリストとカール・ランソム・ロジャーズ (Jesus Christ and Carl Ransom Rogers)、キリスト教と来談者中心療法 (Christianity and Client-Centered Therapy)、カウンセラーの三条件 (Three conditions required of counselors)、自己一致 (Self-congruence)、最も小さき者 (The least of these)

I. はじめに ― 問題の所在 ―

　C.R.ロジャーズ（Carl Ransom Rogers）［なおミドルネームのランソム（Ransom）には「贖罪(しょくざい)」という意味もある］及(およ)びその理論・実践とキリスト教の関係についての論考は次の9編ある。すなわち、①牧会カウンセリング（キリスト教カウンセリング）及び現代の宗教思想に与えたロジャーズの影響を考察した Fuller, R.C. (1984)、②ロジャーズの「共感」概念はキリスト教の「愛」の概念と同じか否かを論じた Roberts, R.C. (1985a)、③ロジャーズ理論と新約聖書で説かれるキリスト者の徳目を比較対照している Roberts, R.C. (1985b)、④ロジャーズ理論は、すべての人は究極的には救済されるという「神秘主義的な万人救済論」なのではないかと提起する Kalmthout, M.A.V. (1995)、⑤ロジャーズの宗教的背景を聖書と彼の生育環境・社会状況から考察している久能 (1997a)、⑥ロジャーズを「心理学者の衣を着た宣教師」として捉(とら)える久能 (1997b)、⑦「最後の晩餐」のストーリーを追いながら、いかに新約聖書におけるスピリチュアリティ（spirituality）がロジャーズ理論に根源的な影響を与えたかを考察した三井 (2008)、⑧ユング（Jung, C.G.）およびロジャーズの心理療法とキリスト教との関係を考察した小林 (2010)、⑨ロジャーズにおけるキリスト教的側面を主として「宗教研究」の立場から論じた今野 (2015)、である。

これらの論文は、それぞれに優れた論考であるが、残念ながら考察の視点がキリスト教の方からロジャーズを見ているものが多く（①②③④⑦⑨）、双方向的にロジャーズとキリスト教を見ているものは三編（⑤⑥⑧）である。本書では後者三編の研究視点を持ちながら更に研究を発展させていくために、まずはロジャーズのキリスト教への姿勢の変遷を彼の人生の中に見ながら、彼の主張する「カウンセラーの三条件」（1. 純粋性［genuineness］または自己一致［self-congruence］、2. 無条件の肯定的尊重［unconditional positive regard］、3. 共感的理解［empathic understanding］）について、それぞれキリスト教的背景を掘り下げて検討したい。ただし紙幅の関係から本章では三条件のうち「自己一致」を取り上げ考察を試みる。

ところで、ロジャーズの言う「カウンセラーの三条件」とは何であろうか。1957年に発表された「治療的人格変容の必要十分条件」（The Necessary and Sufficient Conditions of Therapeutic Personality Change）では次のように述べている。

　建設的な人格変化を起こすためには、次に示すようないくつかの条件が存在し、またある程度の期間継続することが必要である。
1. 二人の人間が心理的接触の中にいること。
2. 我々がクライエントと名付けた第一の人物は、不一致の状態にあり、傷つきやすいか不安な状態であること。

3. 我々がセラピストと名付けた第二の人物は、一致しているか、この関係の中で統合していること。
4. セラピストは、無条件の肯定的尊重を、クライエントに対して経験していること。
5. セラピストは、クライエントの内在的な参照枠について、共感的理解を経験していて、この経験を、クライエントに、どうにか伝えようと真剣に努力していること。
6. セラピストの共感的理解と無条件の肯定的尊重が、クライエントに対して、最低限度でも伝達されていること。

他の条件は一切必要ない。これらの6つの条件が存在し、且つある程度の期間継続できれば、それで事足りる。建設的な人格変容のプロセスが、その結果として起こっているだろう（Rogers, C.R.1957, pp.95-96 からの引用者訳）。

For constructive personality change to occur, it is necessary that these conditions exist and continue over a period of time:
1. Two persons are in psychological contact.
2. The first, whom we shall term the client, is in a state of incongruence, being vulnerable or anxious.
3. The second person, whom we shall term the therapist, is congruent or integrated in the relationship.
4. The therapist experiences unconditional positive regard for the client.
5. The therapist experiences an empathic understanding of the client's internal frame of reference and endeavors to communicate this experience to the client.
6. The communication to the client of the therapist's empathic understanding and unconditional positive regard is to a

minimal degree achieved.

No other conditions are necessary. If these six conditions exist, and continue over a period of time, this is sufficient. The process of constructive personality change will follow (Rogers, C.R.1957, pp.95-96).

1960年代になると、「治療的人格変容の必要十分条件」は「カウンセラーの中核三条件」として①「純粋性」または「自己一致」、②「無条件の肯定的尊重」、③「共感的理解」にまとめられる。筆者などは長い間、この三条件を満たす「人間」は、どれくらいいるだろうかと考えるうち、ロジャーズ本人も例外ではなく、やはり「人間」には無理なのではないかと考えるようになった。すなわち、三条件を完璧に満たすのはイエス＝キリスト唯_{ただ}一人ではないかと考えるようになった。これが、これから進める一連の研究の出発点であった。ところで、本章で検討する「自己一致」とは「あるがままの自分（actual self 現実我という訳がある）と、思い込みの自分（idealized self 理想我という訳がある）とが一致するという意味である」（国分 1980, p.85）と定義されているが、ロジャーズ本人は上掲論文（Rogers, C.R.1957）では「自己一致」を次のように解説している。

　彼［「セラピスト＝カウンセラー」―引用者、以下同じ］が、この関係［「セラピー＝カウンセリング」関係］のこの時間に正_{まさ}しく彼自身で、この基本的意識において、とどのつまり、その

セラピー［カウンセリング］のその時に、ありのままの彼自身であれば、それで事足りるのである。

　明確にすべきなのは、これはサイコセラピー［カウンセリング］にとって理想的だと考えられないような場合でさえも、彼自身であれ、ということを含んでいる、ということである。セラピスト［カウンセラー］が体験しているのが「私はこのクライエントが怖い」あるいは「私の注意は私自身の問題に極端に焦点が当たっているので、私はクライエントの話を十分に聴くことができない」であるかもしれない。もし、そのセラピスト［カウンセラー］が、これらの感情が意識に上ってくるのを否定せず自由に、それらの感情のまま（彼［カウンセラー］の他の感情でも同様だが）でいることができれば、我々が提示した条件［自己一致］は満たされていることになるのである（Rogers, C.R.1957, p.97 からの引用者訳）。

It is sufficient that he is accurately himself in this hour of this relationship, that in this basic sense he is what he actually is, in this moment of time.

It should be clear that this includes being himself even in ways which are not regarded as ideal for psychotherapy. His experience may be "I am afraid of this client" or "My attention is so focused on my own problems that I can scarcely listen to him." If the therapist is not denying these feelings to awareness, but is able freely to be them (as well as being his other feelings), then the condition we have stated is met (Rogers, C.R.1957, p.97).

　一方、先述したように、カウンセラーの三条件を完全に満た

すのがイエス＝キリストだけであるとすれば、新約聖書の中から「自己一致」に関するエピソードを探り、まず、そこから検討を始めなければならない。「自己一致」すなわち「あるがままの自分」と「思い込みの自分」の一致について考える時、新約聖書の中の「姦淫の女」の物語として知られる次のような一節がある（なお、以下、聖書からの引用は日本聖書協会1982による）。

　　イエス、オリブ山にゆき給ふ。夜明ごろ、また宮に入りしに、民みな御許に來りたれば、座して教へ給ふ。ここに學者・パリサイ人ら、姦淫のとき捕へられたる女を連れきたり、眞中に立ててイエスに言ふ、『師よ、この女は姦淫のをり、そのまま捕へられたるなり。モーセは律法に、斯かる者を石にて撃つべき事を我らに命じたるが、汝は如何に言ふか』かく云へるは、イエスを試みて、訴ふる種を得んとてなり。イエス身を屈め、指にて地に物書き給ふ。かれら問ひて止まざれば、イエス身を起して『なんぢらの中、罪なき者まづ石を擲て』と言ひ、また身を屈めて地に物書きたまふ。彼等これを聞きて良心に責められ、老人をはじめ若き者まで一人一人いでゆき、唯イエスと中に立てる女とのみ遺れり。イエス身を起して、女のほかに誰も居らぬを見て言ひ給ふ『をんなよ、汝を訴へたる者どもは何處にをるぞ、汝を罪する者なきか』女いふ『主よ、誰もなし』イエス言ひ給ふ『われも汝を罪せじ、往け、この後ふたたび罪を犯すな』（ヨハネ傳福音書第8章第1節－第11節）。

イエス＝キリストに「あなたたちの中で罪なき者だけが石を

打て」と言われたパリサイ学者たちは、自分たちの罪を自覚していない「自己不一致」の「人間」たちだと言えよう。イエス＝キリストは「罪なき者だけ石を打て」という前に、屈み込み、指で地面に何かを書き始めたが、それでもパリサイ学者たちが、しつこく「姦通の女をどうするんだ！」と問い続けるので、上の様に言ったのである。イエス＝キリストが屈み込み、上の言葉を発するのには暫く時間があるのだが、この時間は「人の子イエス」が「神の子であり人の子である神人イエス」に変容するために必要だったのではないかと考えた。「人間」として最高の自己一致に到達していたイエスではあったが、それは「人間」としてのある種の不完全性を前提とした自己一致だったため、自身も不完全な「人間」であるのに、他の「人間」に意見はできないと思われたのではないか。しかし、暫くして意を決して「罪なき者だけ石を打て」と言われたイエスは「神の子イエス」として、人間を遥かに超えた存在である「父なる神」の声を代弁したのではないかと思われる。そして再びイエス＝キリストは、身を屈めて地面に何かを書き続けたが、その場からパリサイ学者たちが一人一人去ってゆき、イエス＝キリストと姦通の女の二人が残る。その際、イエス＝キリストは、この「最も小さき者」（the least）の一人である姦通の女に「私もあなたを罪に定めない。行きなさい。これからは、もう罪を犯してはならない」と告げる。神だけが罪の赦しを乞う人間に赦しを与えることができる。つまり「人の子イエス」は完全に「神人イエス」になったのであり、このエピソードは「自己一

致」すなわち「理想我(思い込みの自分)＝神人イエス」と「現実我(あるがままの自分)＝神人イエス」がイエス＝キリストの中で完全に一致した瞬間を描いているとも言える。一方、上のことが可能になったのは、イエス＝キリストその人自身も「最も小さき者」の一人として覚醒していたからではないかと思われる(「最も小さき者」に関しては次節で詳細に検討していく)。

　本章では「自己一致」のキリスト教的側面を探る為に次の段階を踏む。第一に「最も小さき者」とは誰かを明らかにする。第二に「最も小さき者」の一人として目覚める意味を探る。第三に「自己覚醒」(self-awareness)すなわち自分という存在に目覚めるとは何かを検討する。第四に「スピリチュアリティの覚醒」(awareness of spirituality)すなわち森羅万象はすべてが結びついていることに目覚めるとは何かを検討する。最後に、以上のプロセスは艱難辛苦が待ち受ける荊の道だったとは思うが、そのプロセスを後に振り返れば、それは「変革体験」(spiritual conversion)と言っても良いのではないかという点を考察する。また以上のプロセスを、イエス＝キリストに倣び＝学びながら、ロジャーズはどのように歩んだかを以下、検討・考察していきたい。

Ⅱ.「最も小さき者」とは — 聖書より —

聖書による「最も小さき者」とは、神が選ばれた「世の愚なる者」「世の弱き者」「世の卑しき者」「軽んぜらるる者」「無きが如き者」（コリント人への前の書第1章第27節 - 第28節）であるが、より具体的には、子ども、女性、病気の人、障害のある人、飢えている人、身体を売る人、罪人、奴隷、取税人、羊飼い・豚飼いなどの牧畜人、行商人、小売り商人、日雇い労働者、門番・女中・給仕などの奉公人、サマリア人、異邦人などを指す（滝澤1997）。それらの人々は、才能、財産、地位、教養もなく、強い者から、疎んじられ、蔑まれ、虐げられ、痛みつけられ、押し潰されていて、いわば一見、自分の内にも外にも自分を衛る力を見い出せない人々である。マタイ傳福音書第25章に「最も小さき者」に関するイエス＝キリストの次のような御言葉がある。「まことに汝らに告ぐ、わが兄弟なる此等のいと小さき者の一人になしたるは、即ち我に為したるなり」（第40節）、「誠になんぢらに告ぐ、此等のいと小きものの一人に為さざりしは、即ち我になさざりしなり」（第45節）。イエス＝キリストのこれらの言葉は、自分と「最も小さき者」を同一視しているかのようにも採れる。事実、神に対して（ヘブライ語あるいはアラム語で）Abba（父）と呼びかけ祈りを捧げる際（マルコ傳福音書第14章第36節）のイエス＝キリストは、自らを「最も小さき者の一人」（父なる神の子）と位置

付け(三好 1987)、それに喜悦している(ルカ傳福音書第 10 章第 21 節 - 第 22 節)。このように、イエス=キリストも「最も小さき者の一人」ならば、上の引用を含むマタイ傳福音書第 25 章第 31 節から第 46 節までの「最後の審判」の譬えには、イエス=キリストが如何に自ら「最も小さき者の一人」として他の「最も小さき者」と真摯に関わったかが、よく描かれていることにもなるのである。

一方、ロジャーズに関する評伝やインタビューを参照すると、次の二つの側面を持つ少年カール・ロジャーズの姿が見えてくる。

　　一人の男児としてはカール[ロジャーズ—引用者、以下同じ]は病弱であり、彼は家族から敏感すぎる子供だと認識されていた。これはしばしば彼に対する虐待に近い冗談に繋がり、彼にとって自身のファンタジーの世界に引きこもってしまう傾向を更に強めることとなった。彼には家族を除いて外の世界に親しい友人をつくる機会をもたせてもらえなかったので、本を絶え間なく読むことで自分を慰めるという孤独な子ども時代を送ることとなった。正式な学校教育を受けるに当たり、彼の本を読む能力は同年齢の子供の数年先の水準にあり、彼を更に同学年の子どもたちから孤立させていった。この彼の人生の初期段階においてすら、後の学問的探究に誠実な学者の姿を見ることができ、そして少年時代のカールは彼の家族がもつ文化から奪われた親密さへの憧憬をさらに募らせていったのである(Thorne, B.2003, p.2 からの引用者訳)。

Carl's health as a boy was not good and he was perceived by the rest of the family as a child who was prone to be oversensitive. This sometimes led to teasing banter which could verge on cruelty and exacerbated a tendency on Carl's part to retreat into himself and into his own fantasy world. He often spoke of himself as a lonely child who was permitted few opportunities to make friends outside the family and who sought consolation in books, which he read incessantly. When he began formal schooling he was already reading at a standard several years in advance of his age and this ability further distanced him from his contemporaries. Even at this early stage of his life it is possible to see the beginnings of the disciplined and conscientious scholar who nonetheless yearned for an intimacy of which the family culture deprived him (Thorne, B.2003, p.2).

　それは私［ロジャーズ―引用者、以下同じ］の人生の別の側面を示していると思いますので、農場での仕事のある特別な一面についてお話ししたいと思います。家畜や鶏などの世話をしていただけでなく、―ひとりで、或いは他の人と共に―食べるために、それらを屠殺したこともありました。私は、鶏、七面鳥、ガチョウ、アヒル、豚、羊、子牛を屠殺しました。私は内的に敏感な少年ではありましたが、明らかに感傷的ではなかったと思います。行わなければならないことは毅然としてやりました。私が大好きだった動物や鳥たちを―食料にするためには―殺すことができました（Rogers, C.R., Russell, D.2002, pp.31-32からの引用者訳）。

There is one special aspect of my work on the farm which I wish to mention because it shows another side of my life. I not only took care of animals and poultry — alone, or with others — I also slaughtered them for food. I have killed chickens, turkeys, geese, ducks, hogs, lambs and calves. I think it has been evident that I was a sensitive boy, but I was not sentimental. I could do what had to be done. I could kill — for food — animals and birds of which I was fond (Rogers, C.R., Russell, D.2002, pp.31-32).

　上の引用前者は、病弱で繊細で内向的で空想的で孤独な子どもだったロジャーズの姿である。その一方、引用後者は、大胆で行動的で現実的で実行力溢れる子どもだったロジャーズの姿である。前者は12歳くらいまでのこと、後者は15歳くらいの時のことであるが、わずか数年で180度人格が転換したと短絡的に考えてはいけないだろう。つまり、病弱で繊細で内向的で空想的で孤独な面と、大胆で行動的で現実的で実行力溢れる面は、その後の彼の人生を通じて一貫して共存したものと考えられる。先述した「最も小さき者」の筆頭には「子ども」が挙げられていたが、これを単に現代的な「子ども」と捉えてはいけない。聖書の時代の子どもとは「差別され虐げられ半人前以下に扱われている人間」のことなのである。この点でロジャーズは子ども時代を「最も小さき者」として過ごしたということもできる。だが一方、後者に引いた「大胆で行動的で現実的で実行力溢れる側面」は、どう考えられるであろうか。こ

れも「最も小さき者」の中に見出せる。牧畜人が、それに当たる。聖書時代の牧畜人は言うまでもなく屠殺者でもある。牧畜の世話や屠殺を通じて悪臭や汚濁(おだく)の中で正(まさ)に「家畜」のように働く牧畜人は差別の対象であったわけである。クリスチャン・ホームで育ったロジャーズが、このことを知らなかったとは考えづらい。引用した後者の発言は筆者からすればロジャーズの「罪の告白」に聞こえてくるのである。それではロジャーズは自らが「最も小さき者の一人」だと、すぐに覚醒したのであろうか。彼の論文・著書・評伝・自伝・インタビューなどをチェックしても、ほとんど、このことに関する直接的な記述は見出せない。しかし、間接的に、それを感じさせる記述は、かなりある。それらを以下の節では検討していきたい。

Ⅲ.「最も小さき者」として覚醒すること
— アウェアネス —

「最も小さき者」と共に歩む生き方に志向している人々は「一人一人の生きている姿(生命性)、ないしは一人一人の、部分に分割することのできない日々の生活の姿(生活全体)」(伊藤1998, p.49)に着目するが、それは人生において「生きている時間にいのち(生命性)を覚知することである」(伊藤1997a, p.144)。この文中の「覚知」(awareness)は「覚醒」

とも訳されるが、「覚醒」とは「自己覚醒」(self-awareness) つまりは自分という存在に目覚めて、どう生きるかを自覚する作用であり、それが「スピリチュアリティの覚醒」(awareness of spirituality) につながる場合がある。この場合のスピリチュアリティとは「自他の隔てを置かず（これは共感性 empathy に基づく）、一切のものに親しみ（この意識を宇宙意識 cosmic consciousness という）、慈しむこころ（これを同行の姿勢という）」（伊藤 1997b, p.33）の働きを指す。また、このスピリチュアリティの覚醒に志向し始めた人は「文字通り、マイペースで『生』の充実感を味わう」（伊藤 1997b, p.34）という。言い換えれば、それは「生きていることの喜びを実感するとともに、生きがいある人生を築きつつ、かつ他に尽くすという責任感をもって実践している姿」（伊藤 1995, p.69）である。

　一方、ロジャーズの「自己覚醒」は、いかに起こったのかに関して、参考になるのは彼の20歳の時に経験した半年にも及ぶ「中国への旅」であった。そのあたりの事情は評伝では次のように書かれている。

　　やがて、YMCA［キリスト教青年同盟―引用者、以下同じ］の活動を熱心に続ける彼［ロジャーズ］のもとにはすばらしいチャンスが訪れた。彼が中国の北京で開かれる世界学生宗教会議の全米代表の10人のうちの1人に選ばれたのである。1922年2月、20歳のカール・ロジャーズは「自分の人生のなかで最も偉大な体験」（キルッシェンバウム、H.1979［Kirschenbaum, H.1979, p.23］）と後に呼ぶことになる旅行へと出発した。

彼の出席する会議自体はわずか1週間のものであったが、この旅行は中国をはじめとして日本、フィリピンなど東洋数か国の歴訪とさまざまなレベルの集会を含む6か月間の大旅行であった。そして、一行にはさまざまな背景をもつ優秀な学生たちと、学者や宗教界のリーダーがそろっており、彼にはこうした人々との交流を通じて、「宗教的にも政治的にも急速に自由になっていった」（ロジャーズ、1967［Rogers, C.R.1967, p.350］）。また、旅行中のさまざまな体験（会議の代表や、同行した学生の個人的な相談相手）を通じて、彼は知的水平線を広げ、自己への信頼を深めていった。

彼はこの旅行中ずっと「中国日記」と名づけた記録をつけていたが、その写しを手紙として恋人のヘレンや家族に送り続けていた。その中で、彼は自分のなかに生れてくる新しい考え（例えば「イエス・キリストは神ではなく、人間である」）を次々に記していたが、それはしだいに家族の考えとは相容れないものとなっていった。しかし、2か月後に、奇妙だとか危険だといった「家族たちの反応が私に届いた頃には、私が家族から分離する見通しはまったく確立していた。かくて最小限の苦痛で私は家族との知的、宗教的絆を断ち切った」（ロジャーズ、1967［Rogers, C.R.1967, p.351］）という事態が生じていた。そして、彼が帰国したときには、彼と家族との間には大きな溝ができてしまっており、これはその後の数年間というものロジャーズ家に大きな葛藤をもたらす元となった。しかし、彼自身は「この旅行の頃から、私の目的、価値観、当面の目標や哲学は私自身のものとなったが、それはこの時点まで私が受け継いできた両親の立場と似つかないものだった。心理学的に言えば、この時期は私が家族から独立宣言をした最も重要な時期であった」（ロジャーズ、1967［Rogers, C.R.1967, p.351］）と述べている

(村瀬・保坂 1990, pp.82-83)。

上の文中にある「イエス・キリストは神ではなく、人間である」ということに関して、後年ロジャーズはあるインタビューの中で青年時代を回想し次のように答えている。

> イエスは一人の人間だった ― 傑出した人間、多大の尊敬と称賛の価値がある人間ではあったが、ある非常に特別な意味での神ではなかった（Rogers, C.R., Russell, D.E.2002, p.61 からの引用者訳）。

> Jesus was a man ― a very outstanding man, but certainly a human being who was worthy of a great deal of respect and admiration but who was not divine in some very special sense (Rogers, C.R., Russell, D.E.2002, p.61).

上のことによりロジャーズと両親、特に母親との宗教観の対立が表面化する。母親はロジャーズが子どもの頃、「神の目からみたら、人間の正しさなどは汚いボロ布みたいなもの」（村瀬・保坂 1990, p.78）と口癖のように語り、ロジャーズにとっては、それが心に深く刻まれたという。ロジャーズの母親にとり、超越的絶対的存在であるイエス＝キリストを「一人の人間」として見ることは到底容認できるものではなかった。一方、「イエスは高度に倫理的な人間である」という考えを基本に置くユニオン神学校（Union Theological Seminary in the City of New York）への進学を決意するロジャーズであったが、それを父親に打ち明けると、自分たち親の宗教的考えに近いプリンストン神学校（Princeton Theological Seminary）なら学費を出す、という父からの提案があったが、ロジャーズはきっぱりそれを拒絶する。

　キリスト教信仰のない者にとって、「プリンストン神学校」と「ユニオン神学校」の違いは全く理解できないであろう。しかし、両者は大きな違いがある。ロジャーズの両親が推す「プリンストン神学校」は、イエスを「神の子」と見る。したがって、「神の子」イエス＝キリストに極端なまでに倣うその信仰は潔癖主義とも厳正主義とも呼ばれる。そして、そもそも神によって救われる人間は、あらかじめ決められているという「予定説」を採る。ロジャーズの両親は自分たちは神によって救われる「選ばれた民」だと思っていた。そうであるから、更に神の御意思に背かないように労働と勤勉に励まねばならぬ、たとえ周囲から孤立しても、外の「悪」に染まるくらいなら「孤立」も厭わないと考え、そうロジャーズを育てたのである。一方、ロジャーズが選択する「ユニオン神学校」は、イエスを「人の子」と見る。ただし、「人の子」と言ってもイエスを「普通の人」と見るのではなく、「高度に倫理的な人間」であると見る。イエスがそのような「人間」である以上、私たち「人間」もイエスの境地にまで到達できる可能性はあり、たとえそれが無理でも、イエスに一歩でも近づくことが大切だと考えるようになる。したがって、人間は全能の神によって創造された不完

全な「被造物」としてではなく、イエスのように一人の独立した存在として神と向き合うのである。自分に正直に、独立した一人の人間として神と真摯に向き合い、生きていこうと、「中国への旅」を通じて考えがまとまったロジャーズは、当然のことのように「ユニオン神学校」に進学し、聖職者への道を歩もうとするのである。

この後、暫くしてロジャーズはユニオン神学校に奨学金を得て通学するようになる。ユニオン神学校があるニューヨークには伴侶となった恋人ヘレンと共に移り住んだ。しかし、奨学金やアルバイトのみでは経済的に厳しい状態だったのだが、寛大にも自分たち両親の考えに逆らった息子（夫婦）に対して父親はお金を援助してくれたのである。両親の宗教的考えと対立しながらも、「喧嘩別れで縁を切る」形の別離になっていない点がロジャーズらしい。加えて「中国への旅」を通じて、自分という存在に目覚め、すなわち「自己覚醒」し、その後の人生を自分に正直に生きていこうと決心するロジャーズであった。これらのことは、ロジャーズ青年期における真の「独立」と呼んでも構わないと思う。

次に「スピリチュアリティの覚醒」についてだが、そもそも「スピリチュアリティ」（spirituality）とはキリスト教では何を指す言葉なのだろうか。スピリチュアリティとはスピリット（Spirit）の働き、日本語では「霊性」と訳されている。そのスピリットとはホーリー・スピリット（Holy Spirit）すなわち「聖霊なる神」である。キリスト教の三位一体論では、唯一

の神は三つの顔をもつと考える。それは「父なる神ヤハウェ」「神の子イエス」「聖霊なる神」である。イエス＝キリストは神の子でもあり人の子でもあるので、人間と父なる神ヤハウェとの仲介者ということになる。そして、人間とイエス＝キリスト、イエス＝キリストと父なる神ヤハウェを「結びつける力」をスピリチュアリティと呼び、それは聖霊なる神の働きであると考える。つまり、「結びつける力」をスピリチュアリティと呼ぶのだが、その力は次のようなものを繋げる働きをもつ。それは、心と体、あの世とこの世、死者と生者、人間と動植物、自己と自己、自己と他者、自己と自然、自己と世界、自己と宇宙などである。例えば、病気により妻を亡くした晩年のロジャーズはスピリチュアリティに触れた発言をしている。ロジャーズはスピリチュアリティにより、想像の力で、あの世とこの世を結び、亡くなった妻と再び出会い、そのつながりを再認識し、さらに自分の心と体を単に健康になるという意味ではなく「真に癒し」、自己と自己を結びつけることにより、新たに前向きに天寿を全うする契機となったのではないだろうか。

　以上はキリスト教でいう三位一体論の考え方であり、ロジャーズの両親が推薦するプリンストン神学校の立場「神の子イエス」、ロジャーズが入学したユニオン神学校の立場「人の子イエス」と異なり、イエスを神であり人である「神人イエス」と見る立場である。イエスは神と人間との仲介者であり、人間と神を結びつける。その結びつける力をスピリチュアリティと言う。前述したようにスピリチュアリティとは「スピ

リット」の力、つまり「聖霊なる神」の力である。このスピリチュアリティなくして本来、人間が神と結びつくことはできないと考えるのである。

IV. 「最も小さき者」へ向かう回心 ― 変革体験 ―

それでは、ここまで述べてきた「最も小さき者」のこの世での使命は何であろうか。それについてパウロは次のような譬えをもって答えている。「體は一肢より成らず、多くの肢より成るなり。------ (中略) ------ げに肢は多くあれど、體は一つなり。眼は手に對ひて『われ汝を要せず』と言ひ、頭は足に對ひて『われ汝を要せず』と言ふこと能はず。否、からだの中にて最も弱しと見ゆる肢は、反つて必要なり。------ (中略) ------ 神は劣れる所に殊に尊榮を加へて、人の體を調和したまへり。これ體のうちに分爭なく、肢々一致して互に相顧みんためなり。もし一つの肢苦しまば、もろもろの肢ともに苦しみ、一つの肢尊ばれなば、もろもろの肢ともに喜ぶなり」(コリント人への前の書第12章第14節 - 第26節)。つまり、被造物としての人間は完全な人は一人としていない。天の「父なる神」と地の人間との橋渡しをする「神の子」イエス＝キリストを筆頭に、「人の子」は互いに扶け合い、補い合って生きていく必要があるのである。被造物とは別の言葉を使えば「神の似像」(imago Dei) である。したがって、神の似像である以

上、父なる神に向かって、そこには価値の高い人、低い人といった差もない。皆「善（よ）い」のである。その証左として、創世記第1章には「神其像（かみそのかたち）の如くに人を創造（つく）り給（たま）へり」（第27節）、「神其造りたる諸（すべて）の物を視給ひけるに甚（はなは）だ善（よ）かりき」（第31節）とある。

一方、「変革体験」とは神谷美恵子の主著の中［『生きがいについて』（1980）第11章「心の世界の変革」・第12章「現世へのもどりかた」］で紹介されている概念である。それによれば、変革体験とは、もともと宗教の世界では「神秘体験」として総称されてきたものだが、神谷（1980）によれば「神秘ということばのあいまいさを避け、宗教以外の世界にもおこるこの種の体験［神秘体験と類似の体験—引用者、以下同じ］」（p.235）を「変革体験」という言葉で表現している、という。神谷（1980）の見解に沿って「変革体験」の定義と特徴をまとめると次のようになる。変革体験とは「人格形成の一過程」（p.235）として考えられる「ふつうのひとにもおこりうる、平凡な心のくみかえの体験」（p.235）である。但（ただ）し「平凡な」というのは「ありきたりの」という意味ではなく、誰にでも起こりうる可能性があることを指す。また変革体験は、その人の「全人格の重心のありかを根底からくつがえし、おきかえるようなもの」（p.236）であるが、変革体験には「急激な形のものから静かな形のものまで、あらゆる段階と色あいがある」（p.235）のである。

ロジャーズが入学したユニオン神学校では、人間は「人の子イエス」のように一人の独立した存在として神と向き合う。し

かし、神の圧倒的な力に「聖霊なる神」の仲介 (spirituality) なしに押し潰されない「人間」がどれだけいるだろう。現にロジャーズはユニオン神学校に入ったものの、と言うか、入ったが故に、牧師の道を諦めることになる。そして、自らの完全性を示すために「神は沈黙する」に倣うように、自己の不完全性を受け容れるための長いキリスト教への「沈黙」がロジャーズに始まる。それが解かれるのは、先に簡単に触れたが、1987年85歳で死を迎える前年（1986年）に発表された、実際のケースを提示しながら来談者中心療法の治療関係をロジャーズが詳述したものの中に次のように見られる。

もう一つの特徴的なもの

　私［ロジャーズ—引用者、以下同じ］は研究によって調査され支持されている成長促進のための関係の特徴を記述してきた。しかし、最近の私の考えでは経験的実証的に調査を進めることが難しい新しい領域に視野を広げようと思っている。

　エンカウンター・グループのファシリテーターや個人カウンセリングのセラピスト［カウンセラー］として、私が全力を尽くす時、私はもう一つの特徴的なものを見出す。私が私の内界の直観でしか認識され得ない自己に最も近づく時、私が私の中にある未知の世界と何らかの方法で接触をもつ時、治療関係の中で気付かない位の僅かな変性意識の中に私がある時、私は、もう一つの特徴的なものを発見することができ、私のすることはすべて全き癒しにつながっているように感じる。そして私の*存在*は、ただ開放的で援助的であるのである。この経験を無理に造りだすことはできないが、この経験により私はリラックス

でき、そして私の中の経験を越えた超越的核へ近づくのであり、そして私の思考プロセスとは全く関係なく、合理的な説明が不可能な治療関係の中での方法で、私は奇妙で衝動的に振る舞うのであろう。しかし、これらの奇妙な行動は、ある特定の風変わりな方法で、それが正しいことが判明する。その時、私の内界のスピリットは他者の内界のスピリットに近づき、それに触れると考えられる。私たちの関係性自体が経験世界を遥かに超越し、そしてある確かな大いなるものの一部へと吸収されていくのである。深遠な成長と癒しのエネルギーが、そこに現前する。

　この種の超越的現象は、私が行っているエンカウンター・グループでも何度も確かに体験されているし、これが参加者の人生の変容に大きく関与していることは間違いない。一人のワークショップ参加者が雄弁に次のように語る。「私［あるワークショップ参加者］は深いスピリチュアルな経験であることを発見しました。私はワークショップのかかわりの中でスピリチュアルな一体感を感じました。私たちは共に息＝生き、共鳴し、そして互いに語り合いました。私は―それが何であれ―私たちすべてに吹き込まれる『生命の力』を感じました。私は通常存在する『私としてあること』あるいは『あなたとしてあること』の障壁なしに生命の力が現前することを感じました―それは私が私自身を意識の中心として感じる際の瞑想的体験だったのです。それだけではなく、それぞれの人に別々に現前した並はずれた一体感の感覚であり、それは現存したのですが、決して明確に表明できないものなのです」。私［ロジャーズ］は、これは明らかに神秘的なものだと理解する。私たちの経験は、明らかに、超越的なこと、名状し難いこと、スピリチュアルなことを伴っている。私は、たくさんの他の人たちと同じように、この神秘的でスピリチュアルな次元の重要性について過小評価

してきたことを認めざるを得ない。

　このことに関して物理や化学といった、より先進的な考察を行う少なくない幾人かの学者の見解と私の見解とは異なっていない（例えばカプラ 1982［Capra, F.1982］を参照）。彼らが彼ら自身の理論を進展させる中で、机上の空論ではなく、エネルギーの共鳴現象ということでもなく、正に可視化される「現実」となっており、つまり、超越的なこと、名状し難いこと、予想外のこと — 私たちがパーソン・センタード・アプローチの中で観察し経験する、この種の現象について — 彼らは議論の対象にし始めているのである。

　パーソン・センタード・アプローチは本来、成長促進的な環境を創り出す人間の生き方に関する態度と行動の表現方法を発見するものである。それは単なる技法や方法ではなく、基本的な哲学である。この哲学が生きているところでは、自身の可能性の発展を広げるように特定の人を援助する。また、この哲学が生きているところでは、特定の他者の間に建設的な変容が起こるように刺激する。この力が個人に与えられ、そしてその人がこの力を実感する時、個人的社会的変容に寄与するその傾向がはっきりと体験されるのである。

　この人間中心のあり方が心理療法［カウンセリング］で生かされる時、そのクライエントに自己探求と自己発見のプロセスを導き出し、そして最後はパーソナリティと行動の建設的変容をもたらす。セラピスト［カウンセラー］がセラピー［カウンセリング］の関係性の中で、この状態を生かしている場合、セラピストは、自己の核に向かって旅するクライエントの善き同伴者となる。このプロセスは以下の臨床素材の中に映し出されていると私は信じている（Rogers, C.R.1986, pp.198-199 からの引用者訳）。

One More Characteristic

I described above the characteristics of a growth-promoting relationship that have been investigated and supported by research. But recently my view has broadened into a new area that cannot as yet be studied empirically.

When I am at my bet, as a group facilitator or a therapist, I discover another characteristic. I find that when I am closest to my inner, intuitive self, when I am somehow in touch with the unknown in me, when perhaps I am in a slightly altered state of consciousness in the relationship, then whatever I do seems to be full of healing. Then simply my *presence* is releasing and helpful. There is nothing I can do to force this experience, but when I can relax and be close to the transcendental core of me, then I may behave in strange and impulsive ways in the relationship, ways which I cannot justify rationally, which have nothing to do with my thought processes. But these strange behaviors turns out to be *right*, in some odd way. At those moments it seems that my inner spirit has reached out and touched the inner spirit of the other. Our relationship transcends itself and becomes a part of something larger. Profound growth and healing and energy are present.

This kind of transcendent phenomenon is certainly experienced at times in groups in which I have worked, changing the lives of some of those involved. One participant in a workshop put it eloquently: "I found it to be a profound spiritual experience. I felt the oneness of spirit in the community. We breathed together, felt together, even spoke for one another. I felt the power of the 'life force' that infuses each of us — whatever that is. I felt its presence without the usual barricades of 'me-ness' or 'you-ness' — it was like a meditative experience when I feel myself as a center of consciousness. And yet with that extraordinary sense of oneness, the separateness of each person present has never been more clearly preserved."

I realized that this account partakes of the mystical. Our experiences, it is clear, involve the transcendent, the indescribable, the spiritual. I am compelled to believe that I, like many others, have underestimated the importance of this mystical, spiritual dimension.

In this I am not unlike some of the more advanced thinkers in physics and chemistry. (For example, see Capra, 1982.) As they push their theories further, picturing a "reality" which has no solidity, which is no more than oscillations of energy, they too begin to talk in terms of the transcendent, the indescribable, the unexpected — the sort of phenomena that we have observed and experienced in the person-centered approach.

The person-centered approach, then, is primarily a way of being that finds its expression in attitudes and behaviors that create a growth-promoting climate. It is a basic philosophy rather than simply a technique or a method. When this philosophy is lived, it helps the person expand the development of his or her own capacities. When it is lived, it also stimulates constructive change in others. It empowers the individual, and when this personal power is sensed, experience shows that it tends to be used for personal and social transformation.

　When this person-centered way of being is lived in psychotherapy, it leads to a process of self-exploration and self-discovery in the client and eventually to constructive changes in personality and behavior. As the therapist lives these conditions in the relationship, he or she becomes a companion to the client in this journey toward the core of self. This process is, I believe, illuminated in the case material that follows (Rogers, C.R.1986, pp.198-199).

　以上から示唆されるのは、無論、死の前年に突然「スピリチュアリティの覚醒」が起こったのではなく、ロジャーズの生涯を通じて問われていた「キリスト教とは何か？」「神とは何か？」「人間と神の関係は？」といったことが、ロジャーズの中で長年かけて醸成され、人生の最晩年に一つの形をとった。それはロジャーズにとって生涯かけての「変革体験」であり、真の意味で自己を「最も小さき者の一人」=「ありのままの私」に定位させたライフ・ワークだったと言えるのである。

V．おわりに ― まとめに代えて ―

　青年期に「イエスは人間である」という認識に至ったロジャーズだが、後に牧師の道から心理学の道に転身する。イエスは人間である、しかし高度に倫理的な人間である、と捉える

と、それまでの遥か高みにいる存在ではなく、自分も目標とできる存在となる。ただ、そう真摯に考えれば考えるほど、青年ロジャーズには牧師の道はプレッシャーであった。したがってロジャーズは、牧師の道を諦め、イエスを倣び＝イエスから学び、カウンセリングの実践・研究の中で、それを全うしようとした。神学校退学の後、死の直前まで宗教についての発言が皆無であったロジャーズであったが、イエス＝キリストを手本とし、一人のカウンセラーとして生ききったのである。この青年期の気づきを「自己覚醒」と呼んでもいいだろう。

　イエス＝キリストのみが、ロジャーズの提唱するカウンセラーの三条件を完全に満たす。つまりロジャーズにとって三条件を完全に満たすのを目標としたのでなく、本章で検討した「自己一致」にしても「あるがままの自分」と「思い込みの自分」が完全に一致するのはイエス＝キリストだけだとわかっていた。そのため「カウンセリング関係の中で」の「自己一致」であると自ら付記している。つまり、私たち人間にとっての「自己一致」とは、ロジャーズを含めて、クライエント―カウンセラー関係の中で、もっと言えば面接時間の範囲内で、「あるがままの自分」と「思い込みの自分」が、なるべく重なるようにすることなのである。高度に倫理的人間、目標・お手本とすることができる人間、それが「人の子イエス」を考える際の要点である。したがってロジャーズはイエスに倣い、学んだ。しかし人生の晩年において再び、神の子でもあり人の子でもある「神人イエス」をロジャーズは意識し始めた。直接的な表現

はなかったが、「スピリチュアリティ」という言葉で、それを表現していた。これがロジャーズにとっての「スピリチュアリティの覚醒」である。

　ロジャーズの「自己覚醒」(「人の子イエス」) と「スピリチュアリティの覚醒」(「神人イエス」) は一見矛盾しているように思う。しかし長い苦闘の末、ロジャーズの中で「人の子イエス」と「神の子イエス」が融合され、「神人イエス」という見方ができるようになった。それはロジャーズが人生の幕を閉じるにあたって、己の人生を全肯定するためには必要なことだった。そして、それは彼の一生を通じ、彼が好んで用いた「本当の自分自身になる」ことであった、と思われるのである。イエス＝キリストは「神人」として比較的短期間で一気に「最も小さき者」の一人として覚醒し「唯一無二の救い主」の道を歩まれた。その一方、ロジャーズは「人間」として、その一生をかけて徐々にゆっくりと「最も小さき者」の一人として覚醒し「唯一無二のカウンセラー＝人間」になったのである。

引用文献

Capra, F. (1982) *The Turning Point; science, society, and the rising culture.* Toronto, New York, London, Auckland: Bantam Books.

Fuller, R.C. (1984) "Rogers's Impact on Pastoral Counseling and Contemporary Religious Reflection." In. Levant, R.F.& Shlien, J.M. (Eds.) (1984) *Client-Centered Therapy and the Person-Centered Approach; new directions in theory, research, and practice.* New York: Praeger, pp.352-369.

伊藤隆二（1995）「臨床教育心理学の方法論的考察」『東洋大学文学部紀要』48、pp.49-81。

伊藤隆二（1997a）「『発達と教育』の思想の研究 ― ホリスティック・パラダイムからの考察」『創価大学教育学部論集』42、pp.137-153。

伊藤隆二（1997b）「現代の思想とこころの教育の研究 ― 内からの覚醒を主題に」『中央学術研究所紀要』26、pp.26-48。

伊藤隆二（1998）「事例研究による教育心理学の再構築 ― 範例中の典型を主軸として」『東洋大学文学部紀要』51、pp.43-67。

Kalmthout, M.A.V.（1995）"The Religious Dimension of Rogers's Work." *Journal of Humanistic Psychology*, 35（4）, pp.23-39.

神谷美恵子（1980）『生きがいについて』みすず書房。

Kirschenbaum,H.（1979）*On Becoming Carl Rogers*. New York : Delacorte Press.

小林哲郎（2010）「心理療法とキリスト教に関する一考察」堀尾治代・豊田園子・菅野信夫・仲淳・森岡正芳・千原雅代・高月玲子・高森淳一・小林哲郎・館直彦（2010）『心理臨床と宗教性 ― 臨床家による多角的アプローチ』創元社、pp.166-189。

国分康孝（1980）『カウンセリングの理論』誠信書房。

今野啓介（2015）「カール・ロジャーズにおけるキリスト教的側面」『宗教研究』（日本宗教学会）別冊88、pp.405-406。

久能徹（1997a）「ロジャーズにおける宗教性」『こころの科学』（日本評論社）74、pp.34-38。

久能徹（1997b）「「心理学者の衣を着た宣教師」ロジャーズ」久能徹・末武康弘・保坂亨・諸富祥彦（1997）『ロジャーズを読む』岩崎学術出版社、pp.191-203。

三井純人（2008）「新約聖書におけるスピリチュアリティとロジャーズ理論 ― 最後の晩餐のストーリーから」『トランスパーソナル研究』（日本トランスパーソナル学会）10、pp.47-59。

三好迪（1987）「神にアバと呼ぶイエスと小さき者への配慮」『小さき者の

友イエス』新教出版社、pp.101-123。

村瀬孝雄・保坂亨(1990)「ロジャーズ」小川捷之・福島章・村瀬孝雄(編)(1990)『臨床心理学の先駆者たち』(臨床心理学大系第16巻)金子書房、pp.77-108。

日本聖書協会(1982)『舊新約聖書』(文語)。

Roberts, R.C. (1985a) "Carl Rogers's Quiet revolution Therapy for the Saints Does 'empathy' equal Christian love?" *Christianity Today,* 29 (16), pp.25-28.

Roberts, R.C. (1985b) "Carl Rogers and the Christian Virtues." *Journal of Psychology and Theology,* 13 (4), pp.263-273.

Rogers, C.R. (1957) "The Necessary and Sufficient Conditions of Therapeutic Personality Change." *Journal of Consulting Psychology,* 21 (2), pp.95-103.

Rogers, C.R. (1967) "Carl R.Rogers [Autobiography]. In. Borning, E.G.& Lindzey,G. (Eds.) (1967) *A History of Psychology in Autobiography.* New York: Appleton-Century-Crohts, pp.343-384.

Rogers, C.R. (1986) "Client-Centered Therapy." In.Kutash, I.L.& Wolf, A. (Eds.) (1986) *Psycho-therapist's Casebook.* San Francisco, London: Jossey-Bass Publishers, pp.197-208.

Rogers, C.R.&Russell, D. (2002) *Carl Rogers; The Quiet Revolutionary, an oral history.* Roseville, California: Penmarin Books.

滝澤武人(1997)『人間イエス』講談社。

Thorne, B. (2003) *Carl Rogers.* [Second Edition] London, Thousand Oaks, New Delhi: SAGE Publications.

第2章

C.R. ロジャーズのカウンセラーの中核三条件におけるキリスト教的側面
— (2)「無条件の肯定的尊重」について —

Abstract: Carl Ransom Rogers proposed three conditions required of counselors: (1) genuineness or self-congruence, (2) unconditional positive regard, and (3) empathic understanding. Only Jesus Christ completely met all these conditions. This study examined christian aspects of unconditional positive regard. Unconditional positive regard, proposed by Rogers is identified as "Agape." Agape is love of God, which is unconditional. On the other hand, Rogers's parents' faith was "conditional love." Characteristics of conditional love are as follows: (1) people that are to be saved by God is already decided by God. (2) We are the people selected by God. Conditional love and Agape are totally opposite concepts. Conditional love is passive love, whereas Agape is active love. In counseling practice, Agape is obviously considered to be important.

要約：C.R. ロジャーズはカウンセラーの三条件を提唱している。それは①「純粋性」または「自己一致」、②「無条件の肯定的尊重」、③「共感的理解」である。カウンセラーの三条件を完全に満たしているのはイエス＝キリスト唯一人である。このうち本章では②の「無条件の肯定的尊重」のキリスト教的側面を検討する。ロジャーズの「無条件の肯定的尊重」は「アガペ」とほぼ同定できる。「アガペ」とは神の愛である。「アガペ」とは無償の愛である。一方、ロジャーズの両親の信仰は「条件付きの愛」であった。その「条件付きの愛」の特徴の第一は「神によって救われる人間は、あらかじめ神によって決められている」ということである。その「条件付きの愛」の特徴の第二は「自分たちは神によって選ばれた人間である」ということである。「条件付きの愛」と「アガペ」は全く正反対の概念である。「条件付きの愛」は「受け取る愛」である。「アガペ」は「与える愛」である。カウンセリング実践にあっては当然ながら「アガペ」が重視されるのである。

キーワード (Key Words)：イエス＝キリストとカール・ランソム・ロジャーズ (Jesus Christ and Carl Ransom Rogers)、キリスト教と来談者中心療法 (Christianity and Client-Centered Therapy)、カウンセラーの三条件 (Three conditions required of counselors)、無条件の肯定的尊重 (unconditional positive regard)、アガペ (Agape)

Ⅰ．はじめに—問題の所在—

本書では C.R. ロジャーズ (Carl Ransom Rogers) [なおミドルネームのランソム (Ransom) には「贖罪」という意味もある] 及びその理論・実践とキリスト教の関係について検討していくために、彼の主張する「カウンセラーの三条件」(1. 純粋

性［genuineness］または自己一致［self-congruence］、2.無条件の肯定的尊重［unconditional positive regard］、3.共感的理解［empathic understanding］）について、それぞれキリスト教的背景を掘り下げて検討したい。ただし紙幅の関係から本章では三条件のうち「無条件の肯定的尊重」を取り上げ考察を試みる。

ところで、ロジャーズの言う「カウンセラーの三条件」とは何であろうか。1957年に表された「治療的人格変容の必要十分条件」（The Necessary and Sufficient Conditions of Therapeutic Personality Change）では次のように述べている。

　　建設的な人格変化を起こすためには、次に示すようないくつかの条件が存在し、またある程度の期間継続することが必要である。
1. 二人の人間が心理的接触の中にいること。
2. 我々がクライエントと名付けた第一の人物は、不一致の状態にあり、傷つきやすいか不安な状態であること。
3. 我々がセラピストと名付けた第二の人物は、一致しているか、この関係の中で統合していること。
4. セラピストは、無条件の肯定的尊重を、クライエントに対して経験していること。
5. セラピストは、クライエントの内在的な参照枠について、共感的理解を経験していて、この経験を、クライエントに、どうにか伝えようと真剣に努力していること。
6. セラピストの共感的理解と無条件の肯定的尊重が、クライエ

ントに対して、最低限度でも伝達されていること。

　他の条件は一切必要ない。これらの6つの条件が存在し、且(か)つある程度の期間継続できれば、それで事足りる。建設的な人格変容のプロセスが、その結果として起こっているだろう（Rogers, C.R.1957, pp.95-96 からの引用者訳）。

　For constructive personality change to occur, it is necessary that these conditions exist and continue over a period of time:
1. Two persons are in psychological contact.
2. The first, whom we shall term the client, is in a state of incongruence, being vulnerable or anxious.
3. The second person, whom we shall term the therapist, is congruent or integrated in the relationship.
4. The therapist experiences unconditional positive regard for the client.
5. The therapist experiences an empathic understanding of the client's internal frame of reference and endeavors to communicate this experience to the client.
6. The communication to the client of the therapist's empathic understanding and unconditional positive regard is to a minimal degree achieved.

　No other conditions are necessary. If these six conditions exist, and continue over a period of time, this is sufficient. The process of constructive personality change will follow (Rogers, C.R.1957, pp.95-96).

　1960年代になると、「治療的人格変容の必要十分条件」は「カウンセラーの中核三条件」として①「純粋性」または「自己一

致」、②「無条件の肯定的尊重」、③「共感的理解」にまとめられる。筆者などは長い間、この三条件を満たす「人間」は、どれくらいいるだろうかと考えるうち、ロジャーズ本人も例外ではなく、やはり「人間」には無理なのではないかと考えるようになった。すなわち、三条件を完璧に満たすのはイエス＝キリスト唯一人ではないかと考えるようになった。これが、本研究の出発点であった。

ところで、カウンセラーの三条件と「愛」概念の関係を考察したスーザン・キーズ［Susan Keyes］は、上の六条件と「愛」概念の関係をまとめ、次のように述べている。

> 英語では、愛には'love'という一つの単語しかありませんが、実際は、愛は多面的な概念です。Rogersの六条件は人間関係においての愛情の特性を明らかにするのに役立ちます。無条件の積極的関心［無条件の肯定的尊重―引用者、以下同じ］（条件4, 1959, p.213［Rogers, C.R.1959, p.213］）は神聖な次元［Agape］であり、接触と理解（条件1, 6, 1959, p.213［Rogers, C.R.1959, p.213］）は親の次元［storge］、共感（条件5, 1959：213［Rogers, C.R.1959, p.213］）は友情の次元［philia］、一致（条件4, 1959年, p.213［Rogers, C.R.1959, p.213］は性愛の次元［eros］です（キーズ、S.［三國・中鉢（監訳）、梶原（訳）］2015, p.87）。

上の引用では「無条件の肯定的尊重」を神聖な次元［Agape］と呼んでいるが、ロジャーズ本人は前掲論文（Rogers, C.R.1957）では「無条件の肯定的尊重」を次のように解説している。

それ［無条件の肯定的尊重 ― 引用者、以下同じ］はクライエントの表現が首尾一貫したものである場合も、反対に表現が矛盾に満ちたものであろうとも受容すること、クライエントの「善い」、肯定的な、成熟している、信頼に満ちた、社交的な感情の表現と同様に、クライエントの否定的で、「悪い」、苦しみに満ちた、防衛的で異常な感情の表現も受容するといった姿勢を必然的に伴うものなのである。それはクライエントを思う気持ちを意味するが、クライエントに対して、わけ知り顔でものを言うわけでなく、単にセラピスト［カウンセラー］自身の欲求を満たそうとするものでもない。それはクライエントを自分とは別個の存在である一人の人間として、また自分自身の感情、自分自身の経験を持つことが許された人間として、思う気持ちを指す（Rogers, C.R.1957, pp.97-98からの引用者訳）。

It involves as much feeling of acceptance for the client's expression of negative, "bad," painful, fearful, defensive, abnormal feelings as for his expression of "good," positive, mature, confident, social feelings, as much acceptance of ways in which he is inconsistent as of ways in which he is consistent. It means a caring for the client, but not in a possessive way or in such a way as simply to satisfy the therapist's own needs. It means a caring for the client as a separate person, with permission to have his own feelings, his own experiences（Rogers, C.R.1957, pp.97-98）.

　一方、「無条件の肯定的尊重」の源泉がキリスト教思想における神聖な次元、神の愛（Agape）に辿れるものであるなら、

当然、聖書から、その例を引く必要がある。その例というのは次に引用する「放蕩息子の帰還」として知られるものである（なお、以下、聖書からの引用は日本聖書協会1982による）。

　また言ひたまふ『或人に二人の息子あり、弟、父に言ふ「父よ、財産のうち我が受くべき分を我にあたへよ」父その身代を二人に分けあたふ。幾日も經ぬに、弟おのが物をことごとく集めて、遠國にゆき、其處にて放蕩にその財産を散せり。ことごとく費したる後、その國に大なる饑饉おこり、自ら乏しくなり始めたれば、往きて其の地の或人に依附りしに、其の人かれを畑に遣して豚を飼はしむ。かれ豚の食ふ蝗豆にて、己が腹を充さんと思ふ程なれど、何をも與ふる人なかりき。此のとき我に反りて言ふ『わが父の許には食物あまれる雇人いくばくぞや、然るに我は飢ゑてこの處に死なんとす。起ちて我が父にゆき「父よ、われは天に對し、また汝の前に罪を犯したり。今より汝の子と稱へらるるに相應しからず、雇人の一人のごとく爲し給へ」と言はん』乃ち起ちて其の父のもとに往く。なほ遠く隔りたるに、父これを見て憫み、走りゆき、其の頸を抱きて接吻せり。子、父にいふ「父よ、我は天に對し又なんぢの前に罪を犯したり。今より汝の子と稱へらるるに相應しからず」されど父、僕どもに言ふ「とくとく最上の衣を持ち來りて之に着せ、その手に指輪をはめ、其の足に鞋をはかせよ。また肥えたる犢を牽ききたりて屠れ、我ら食して樂しまん。この我が子、死にて復生き、失せて復得られたり」かくて彼ら樂しみ始む。然るに其の兄、畑にありしが、歸りて家に近づきたるとき、音樂と舞踏との音を聞き、僕の一人を呼びてその何事なるかを問ふ。答

へて言ふ「なんぢの兄弟歸りたり、その恙なきを迎へたれば、汝の父肥えたる犢を屠れるなり」兄怒りて内に入ることを好まざりしかば、父いでて勸めしに、答へて父に言ふ「視よ、我は幾歳もなんぢに仕へて、未だ汝の命令に背きし事なきに、我には小山羊一匹だに與へて友と樂しましめし事なし。然るに遊女らと共に、汝の身代を食ひ盡したる此の汝の子歸り來れば、之がために肥えたる犢を屠れり」父いふ「子よ、なんぢは常に我とともに在り、わが物は皆なんぢの物なり。されど此の汝の兄弟は死にて復生き、失せて復得られたれば、我らの樂しみ喜ぶは當然なり」』（ルカ傳福音書第15章第11節 - 第32節）。

通常のキリスト教の解釈では、この放蕩息子の譬えは、父を「父なる神」、弟を「罪びと」、兄を「律法学者・パリサイ人」として次のように説明されることが多い。

弟は、父に財産をねだり、それをお金に換えて、遠い国で放蕩の限りを尽くした上、無一文になって、受け容れてもらえないことを承知で、罪の赦しを乞うため、帰京する。父は、そんな息子（弟）を見ると、走り寄って、頸を抱き、接吻した。息子（弟）は「お父さん、わたしは天に対しても、またお父さんに対しても罪を犯しました。もう息子と呼ばれる資格はありません」と言った。しかし父は僕たちに命じて、よい衣服を着させ、手に指輪をはめさせ、履物をはかせ、肥えた子牛を屠らせ、祝宴を開いた。心から罪を悔い改める弟は父（父なる神）に赦され、さらに祝福されるのである。

一方、兄は、そうした父の態度が気に食わない。兄は父に対して「このとおり、わたしは何年もお父さんに仕えています。言いつけに背いたことは一度もありません。それなのに、わたしが友達と祝宴をするために、子山羊一匹すらくれなかったではありませんか」と憤る。この兄を、イエス＝キリストから偽善者と呼ばれた「律法学者・パリサイ人」に見立てると、父（父なる神）の本当の愛を理解しておらず、悔い改めないので救いを得られないことになる。

　しかし、兄・弟ともに「罪びと」だと考えると、この譬えの本当の意味が分かる。弟の罪［罪源］は、キリスト教で示される人間を罪に導く可能性があるとみなされてきた欲望や感情である「七つの罪源［大罪］」（seven deadly sins）で言えば、「貪欲」「法外かつ不義なる色欲」「暴食および酩酊」「怠惰」である。一方、兄の罪は「虚栄あるいは尊大」「憤り」「嫉妬」である。この兄に対して父（父なる神）は「お前はいつもわたしと一緒にいる。わたしのものは全部お前のものだ」と「無条件の肯定的尊重」＝「無償の愛」（アガペ）を示す。

　つまり、兄も弟も、父（父なる神）から赦される「罪びと」、もっと言えば「最も小さき者」（the least）なのである。神は「最も小さき者」を最優先して救ってくださる。それは弟が悔い改めたから弟だけが救われるのではなく、まず神が「最も小さき者」である彼ら兄弟二人を共に赦すことで、必然的に兄も悔い改めるであろうという神の「最も小さき者」への絶対の信頼が基礎にあるのである。これを「無条件の肯定的尊重」すな

わち「神の無償の愛」(アガペ) と呼ぶのである。

　以上を受けて、本章では、次節（第Ⅱ節）にて「無条件の肯定的尊重」＝「無償の愛」（アガペ）と対極にあるロジャーズの両親の信仰に基づく「条件付きの愛」について検討する。第Ⅲ節では、神の無償の愛である「アガペ」概念と、ロジャーズが提唱するカウンセラーの三条件のうちの一つである「無条件の肯定的尊重」の関係を探る。そして最後の第Ⅳ節においては本章全体のまとめを試みる。

Ⅱ．ロジャーズの両親のキリスト教信仰
　　―「条件付きの愛」―

　キリスト教信仰の立場の一つに「ユニテリアン派」（Unitarians）がある。これは宗教改革時代に発生した三位一体に異を唱える一派である。ユニテリアン派は、三位一体論で言う第一位格、すなわち「父なる神」のみを真の神とする。ユニテリアン派は、更に「合理的ユニテリアン派」（Rational Unitarians）と「聖書的ユニテリアン派」（Biblical Unitarians）に大別される。

　ロジャーズのキリスト教信仰は、イエスを「人の子」と見る合理的ユニテリアン派の立場である。別な表現を採れば、比較的「リベラル」なピューリタニズム（Puritanism）の立場である。イエスを「一人の人間である」と捉えるが、しかし「普

通の人」として捉えるのではなく、「高度に倫理的な人間である」と捉えるので、人間はイエスのように「一人の独立した存在」として神と向き合うことになる。しかし、神の圧倒的な力に押し潰されない人間が、どれだけいようか。現にロジャーズはイエスを「人の子」と見る合理的ユニテリアン派の立場に立つ比較的「リベラル」なユニオン神学校（Union Theological Seminary in the City of New York）に入ったものの、と言うか、入った故に、牧師の道を諦めている。ロジャーズが提唱するカウンセラーの三条件を完全に満たすのはイエス＝キリストだけだと先述したが、ロジャーズは「人の子イエス」に倣び＝学び、自分の人間としての限界はわきまえつつも、仕事の中で、また生き方の中で、キリスト教信仰を生かしていったのではないかと考えられる。

　一方、ロジャーズの両親のキリスト教信仰は、イエスを「神の子」と見る「純福音主義」（Fundamentalism）に重きを置くピューリタニズムの立場である。別な表現を採れば、イエスを「神の子」と見る聖書的ユニテリアン派と言える。このアメリカ合衆国の「原理主義」（Fundamentalism）に重きを置くピューリタニズムにおいては、新約聖書のイエスを「神の子」と「人の子」という二つの異なる性質をもつ、一つの完成体と見る。その際、「人の子」イエスの側面は「神の子」イエスの中に包摂される。更に「神の子イエス」が極度に強調されることにより、「父なる神」と「神の子イエス」は一体のものと捉えるようになった。この立場にあっては、そもそも神によっ

て救われる人間はあらかじめ決められているという「予定説」(Predestination)を採る。イエス＝キリストに極端なまでに倣(なら)う、その信仰は潔癖主義とも厳正主義とも言われる。このロジャーズの両親のピューリタニズムの特徴を明確にするため、次にマックス・ヴェーバーの『プロテスタンティズムの倫理と資本主義の精神』から引用する［なお、本節は、発想の端緒を久能（1988）から得ている。またヴェーバー思想については同僚の政治学者・村上智章先生からご指導を受けた］。

　さて、十六、七世紀に資本主義がもっとも高度だった文明諸国、すなわちオランダ、イギリス、フランスで大規模な政治的・文化的な闘争の争点となっていた、したがってわれわれが最初に立ち向かわねばならない信仰は、カルヴィニズムだ。当時この信仰のもっとも特徴的な教義とされ、また一般に、今日でもそう考えられているのが恩恵による選びの教説〔予定説〕である（ヴェーバー、M.［大塚（訳）］1989, p.144）。

Der Glaube nun, um welchen in den kapitalistisch höchst entwickelten Kulturländern: den Niederlanden, England, Frank reich im 16. und 17. Jahrhundert die großen politischen und Kulturkämpfe gefü worden sind und dem wir uns deshalb zuerst zuwenden, war der *Calvinismus*. Als sein am meisten charakteristisches Dogma galt damals und gilt im allgemeinen auch heute die Lehre von der *Gnadenwahl*. (Weber, M.2013, S.141).

新約聖書では、一枚の銀貨を見つけた女のように罪人の帰還をよろこび給う、人間的に理解しやすい「天の父」である神が、ここでは、永遠の昔から究めがたい決断によって各人の運命を決定し、宇宙のもっとも微細なものにいたるまですでにその処理を終え給うた、人間の理解を絶する超越的存在となってしまっている。神の決断は絶対不変であるがゆえに、その恩恵はこれが神からうけた者には喪失不可能であるとともに、これを拒絶された者にもまた獲得不可能なのだ（ヴェーバー、M.［大塚（訳）］1989, pp.153-154）。

　Aus dem menschlich verständlichen《Vater im Himmmel》des Neuen Testaments, der sich über die Wiederkehr des Sünders freut, wie ein Weib über den wiedergefundenen Groschen, ist hier ein jedem menschlichen Verständnis entzogenes transzendentes Wesen geworden, welches von Ewigkeit her nach gänzlich unerforschlichen Ratschlüssen jedem einzelnen sein Geschick zugeteilt und über alles Kleinste im Kosmos verfügt hat. Gottes Gnade ist, da seine Ratschlüsse unwandelbar feststehen, ebenso unverlierbar für die, welchen er sie zuwendet, wie unerreichbar für die, welchen er sie versagt（Weber, M. 2013, S.145）.

　この悲壮な非人間性をおびる教説が、その壮大な帰結に身をゆだねた世代の心に与えずにはおかなかった結果は、何よりもまず、個々人のかつて見ない内面的孤独化の感情だった。宗教改革時代の人々にとっては人生の決定的なことがらだった永遠の至福という問題について、人間は永遠の昔から定められている運命に向かって孤独の道を辿らなければならなくなったのだ。誰も彼を助けることはできない（ヴェーバー、M.［大塚（訳）］

1989, p.156)。

In ihrer pathetischen Unmenschlichkeit mußte diese Lehre nun für die Stimmung einer Generation, die sich ihrer grandiosen Konsequenz ergab, vor allem eine Folge haben: ein Gefühl einer unerhörten inneren *Vereinsamung des einzelnen Individuums*. In der für die Menschen der Reformationszeit entscheidendsten Angelegenheit des Lebens: der ewigen Seligkeit, war der Mensch darauf verwiesen, seine Straße einsam zu ziehen, einem von Ewigkeit her feststehenden Schicksal entgegen. Niemand konnte ihm helfen (Weber, M. 2013, S.145).

　かならずや信徒の一人びとりの胸には、私はいったい選ばれているのか、私はどうしたらこの選びの確信がえられるのか、というような疑問がすぐさま生じてきて、他の一切の利害関心を背後に押しやってしまったにちがいない。——カルヴァン自身にとっては、このことは少しも問題とならなかった。彼は、自分は神の「武器」だと感じ、自分の救われていることに確信をもっていた（ヴェーバー、M.［大塚（訳）］1989, pp.172-173)。

Die eine Frage mußte ja alsbaid für jeden einzelnen Gläubigen entstehen und alle anderen Interessen in den Hintergrund drängen: Bin ichden erwählt? Und wie kann ich dieser Erwählung sicher werden？ − Für Calvin selbst war dies kein Problem. Er fühlte sich als《Rüstzeug》und war seines Gnadenstandes sicher (Weber, M. 2013, S.149).

自分が救われているか否かという問いが前面に現われてきた限り、少なくとも、カルヴァン自身のように、恩恵が人間のうちに生み出す堅忍な信仰がみずからそれを確証するということを指示するだけですますことは、もはや不可能となってきた。もっとも、この点は正統的な教理のうえでは、少なくとも原理上正式に放棄されることはなかったけれども、とりわけ牧会の実践が予定説から生じてくる内心の苦悶を絶えず問題にしなければならなくなったために、カルヴァンそのままの立場を固守することなどできなくなったのだ。こうした困難に対処するため、さまざまな方法がとられた。そのさい、恩恵による選びの解釈を変更し、穏健化し、結局はそれを放棄するというのでない限り、とくに牧会上の、相互に関連しあう二つの類型の勧告が特徴的なものとして現われてきた。その一つは、誰もが自分は選ばれているのだとあくまでも考えて、すべての疑惑を悪魔の誘惑として斥ける、そうしたことを無条件に義務づけることだった。自己確信のないことは信仰の不足の結果であり、したがって恩恵の働きの不足に由来すると見られるからだ。このように、己の召命に「堅く立て」との使徒の勧めが、ここでは、日ごとの闘いによって自己の選びと義認の主観的確信を獲得する義務の意味に解されている。こうして、ルッターが説いたような、悔い改めて信仰により神に依り頼むとき必ず恩恵が与えられる謙虚な罪人の代わりに、あの資本主義の英雄時代の鋼鉄のようなピュウリタン商人のうちに見られる、また個々の事例ならば今日でもなお見られるような、あの自己確信にみちた「聖徒」が錬成されてくることになる。いま一つは、そうした自己確信を獲得するための最もすぐれた方法として、絶えまない職業労働をきびしく教えこむということだった。つまり、職業労働によって、むしろ職業労働によってのみ宗教上の疑惑は追放

され、救われているとの確信が与えられる、というのだ(ヴェーバー、M. [大塚 (訳)] 1989, pp.178-179)。

Es war zum mindesten, soweit die Frage des *eigenen* Gnadenstandes auftauchte, unmöglich, bei Calvins von der orthodoxen Doktrin wenigstens im Prinzip nie förmlich aufgegebenen Verweisung auf das Selbstzeugnis des beharrenden Glaubens, den die Gnade im Menschen wirkt, stehenzubleiben. Vor allem die Praxis der Seelsorge, welche auf Schritt und Tritt mit den durch die Lehre geschaffenen Qualen zu tun hatte, konnte es nicht. Sie fand sich mit diesen Schwierigkeiten in verschiedener Art ab. Soweit dabei nicht die Gnadenwahl uminterpretiert, gemildert und im Grunde aufgegeben wurde, treten namentlich zwei miteinander verknüpfte Typen seelsorgerischer Ratschläge als charakteristisch hervor. Es wird einerseits schlechthin zur Pflicht gemacht, sich für erwählt zu *halten*, und jeden Zweifel als Anfechtung des Teufels abzuweisen, da ja mangelnde Selbstgewißheit Folge unzulänglichen Glaubens, also unzulänglicher Wirkung der Gnade sei. Die Mahnung des Apostels zum 《Festmachen》 der eigenen Berufung wird hier als Pflicht, im täglichen Kampf sich die subjective Gewißheit der eigenen Erwähltheit und Rechtfertigung zu erringen, gedeutet. An Stelle der demütigen Sünder, denen Luther, wenn sie in reuigem Glauben sich Gott anvertrauen, die Gnade verheißt, werden so jene selbstgewissen 《Heiligen》 gezüchtet, die wir in den stahlharten puritanischen Kaufleuten jenes heroischen Zeitalters des Kapitalismus und in einzelnen

Exemplaren bis in die Gegenwart wiederfinden. Und andererseits wurde, um jene Selbstgewißheit zu *erlangen*, als hervorragendstes Mittel rastlose Berufsarbeit eingeschärft. Sie und sie allein verscheuche den religiösen Zweifel und gebe die Sicherheit des Gnadenstandes（Weber, M. 2013, S.150-151）.

　上の引用からもわかる通り、ロジャーズの両親のキリスト教信仰の特徴は「予定説」「選民思想（Elitism）」「特殊な勤労観」にまとめられるだろう。「予定説」とは、そもそも救われる人間は神によって決められている。より正確には、天国で「永遠の生命」を得る人と、地獄で「永遠の死滅」に至る人とは、あらかじめ神によって定められている、ということである。当然、ロジャーズの両親は自分たちは神によって救われる選ばれた民であると確信していた。これが「選民思想」である。その「確信」を更に深めるためには、禁欲的な生活態度、つまり神の御心（みこころ）に完全に沿った善行を弛（たゆ）まなく生活の中で実行しなければならない。これが「特殊な勤労観」であるが、これが更に高められると、ロジャーズの両親のように「労働がすべてを癒す」という考えが生じる。

　このような考えから、ロジャーズ一家は、映画やダンス・ホールなどの反ピューリタン的な娯楽を遠ざけ、周囲の「悪」に染まるぐらいなら、周囲からの「孤立」も辞さない覚悟を持って生活していた。それによってロジャーズは子ども時代家族以外に親しい友人が皆無だった。また病気になっても、病院から

退院後は、なるべく「仕事で治せ」と言われ、それを実行していた。そのことが後の青年期に葛藤を呼び、両親の信仰からロジャーズは完全に離脱するのだった。

　ロジャーズの「無条件の肯定的尊重」は、両親の信仰観の真逆の考え方である。つまり、救われる人は前もって神によって決められているのではなく、万人は神によって救われる。なぜなら、すべての人間は万能の神によって皆等しく創造された「大切な生命(いのち)」であるからである。したがって「選ばれた民」という考え方もしない。そして、人間にとって生産的に「仕事」に励むことは大切なことだが、さまざまな事情から生産的に励むことが阻(はば)まれた人もいるが、それらの人々も救われる。また「義(ただ)しき者」のみ救われるのではなく、「罪ある者」も救われる。「罪ある者」は、まず神により赦されることで、次に悔い改め、そして救われる。以上から、「無条件の肯定的尊重」はキリスト教信仰で言う「神の愛」＝「無償の愛」＝「アガペ」（Agape）に相当するのではないかという道筋は見えてきたが、さらにこの点を次節で検討する。

Ⅲ.「アガペ」と「無条件の肯定的尊重」

　ロジャーズのシカゴ大学時代の指導生の一人、心理学者で牧師であったローガン・J・フォックス［Rogan J.Fox］が、ロジャーズの「受容」（acceptance）と、キリスト教における「愛」

（love）の概念の関係を考察して次のように述べている。

　授業［ロジャーズの授業―引用者、以下同じ］では深く入らなかったけれども、私［フォックス］にとって個人的に重要であったひとつの考えは、キリスト教における愛（love）の概念とロージァズの受容（acceptance）［「無条件の肯定的尊重」と読み替えることができる］という考えを、どのように関連づけることができるかということであった。ロージァズが、受容という概念が彼にとってどういう意味をもつかについて述べたとき、私は"それはいったい愛というものなのであろうか？"とみずからに問いかけたのであった。それについて考えれば考えるほど、そしてまたカウンセリングの録音のなかで実証されているのを見れば見るほど、私はますます、受容が愛の主要な要素のひとつであることを確信するようになった。私が最も深く感銘したことは、受容の態度は人間関係における不変の、信頼できる道であり、その具体的な応答がどういう形をとろうと、つねに保持することのできるものである、ということであった。なぜならばこの受容の態度は、人間性についてのひとつの信念に根ざすものであり、この信念にもとづいて行動しようという決意を表すものなのであるから------。それから、いろいろのことが私にはっきりしてきた。愛はひとつの情動なのではなくて、人間と関係をもつひとつの道（a way of relating to person）であるということ；愛する理由は、他人のなかにあるのではなくて、自分自身のなかにあるのだということ；人びとを愛するためには、人びとがどうあるか（what people are）ということに盲目であってはならない、というのは、人びとを愛するということは、人びとが現実にそうであるがままに（as they really are）彼らを見、そしてこれを受容することなのだから；という

ようなことが私にわかってきた。おもしろいことに、聖書を読み返してみたとき、愛についてのこの見解を支持するところがたくさん見つかったのである（フォックス，R.J.［伊東（訳）］1968, pp.393-394）。

　上の文章からわかるのは、「無条件の肯定的尊重」＝「受容」は、受け取る愛（eros）ではなく、与える愛（Agape）であるということである。この点についてロジャーズは以下のように述べている。

　　私［ロジャーズ — 引用者、以下同じ］は、クライエントの中に*存在*するものに向かって、カウンセラーが温かく、肯定的で、受容的な姿勢を崩さない限り、成長や変化が更に起こりやすいであろうという仮説を立てている。それは、カウンセラーがクライエントを一人の人間として尊重していることを意味しているのであり、親が我が子に向かって、その時の奇妙な行動にも関わりなしに一人の人間として意識せずに尊重するのと同様の感情であろう。カウンセラーがクライエントを潜在可能性の大きい人間として、非支配的な方向で関心をもつことを意味する。その時のクライエントの感情が — 敵意か好意か、反逆か従順か、厚かましさか自己卑下か — のどれであっても積極的に快く受け容れるということである。それはクライエントのあるがままに対する、ある種の愛と言えるのだが、この際の愛という言葉は神学者が用いる"アガペ"という言葉と同意語であり、通常のロマンティックで独占欲を伴った意味での愛［erosエロス］ではない。私が表現しているのは、父親が温情を持って干渉するようなものでもなく、感傷的なものでもなく、世間で表面的に

人当たりが良いというのとも異なる。それは他者を独立した個人として尊重することであり、その人を支配することではない。それは一種の好意であり、その好意は力強さをもっているが、過酷な要求を突き付けるようなものではない。私たちは、それ肯定的尊重と呼んでいる（Rogers, C.R.1962, p.420 からの引用者訳）。

I hypothesize that growth and change are more likely to occur the more that the counselor is experiencing a warm, positive, acceptance attitude toward what *is* in the client. It means that he prizes his client, as a person, with somewhat the same quality of feeling that a parent feels for his child, prizing him as a person regardless of his particular behavior at the moment. It means that he cares for his client in a non-possessive way, as a person with potentialities. It involves an open willingness for the client to be whatever feelings are real in him at the moment — hostility or tenderness, rebellion or submissiveness, assurance or self-depreciation. It means a kind of love for the client as he is, providing we understand the word love as equivalent to the theologian's term "agape," and not in its usual romantic and possessive meanings. What I am describing is a feeling which is not paternalistic, nor sentimental, nor superficially social and agreeable. It respects the other person as a separate individual, and does not possess him. It is a kind of liking which has strength, and which is not demanding. We have termed it positive regard (Rogers, C.R.1962, p.420).

上のようにロジャーズは「無条件の肯定的尊重」と「アガペ」を同義語としているが、スーザン・キーズは更に明確に次のように述べている。

　パーソンセンタードの理論では 'love' は、Rogers がセラピーのなかで話す「暖かく、積極的な」セラピスト［カウンセラー——引用者、以下同じ］の感覚である妥当な方法であり、それより科学的に《無条件の積極的関心［無条件の肯定的尊重］UPR》(Rogers 1951) としました。セラピストによるこれらの強い感情は、セラピー［カウンセリング］関係のなかで不適当で圧倒的な恐ろしいものとして体験されることがあります。

　Rogers はまた、ギリシャ語のアガペー (Rogers 1962) という言葉を用いています。アガペーとはユダヤキリスト教の神学用語であり、他者に対する無条件の、利他的な、哀れみ深い、惜しみない感情のほとばしりのことをいい、神聖なるものの顕現のことをいいます。この愛の次元がセラピーのなかで具体的に現われると、それは、温かさ、心のうずき、心が感覚に開かれていくこととして私はとらえています。そして、私にとってそれは、腕をひらいている動作であり、そこには限界やエッジやコストと同時に率直さと受容が同居しています。

　キリスト教の宗教物語のなかのキリストの復活の隠喩についてここで考えてみたいと思います。つまり、両手を開いたエンブレムには、生と死の両方があるのです。この種の愛情の超個人的な次元（あなたと私を越えて、今ここで）は、Thorne がセラピスト 'double vision 副視' (Thorne 2012) と呼んでいるものです。これはセラピストが他者と会い受容するときに、他者の目に見えない部分にも同時に会い受容するということで

す。あるいは、潜在的にはより十分に生きることができるだろう部分に触れるということです。仏性もしくは神性などはこれと同種のものとして考えられるでしょう。

このセラピストの姿勢は、他者にたいして、彼ら自身そのものがまったく完全に独自性をもつ人間であるという、畏敬の念と尊敬の気持ちで、会い認めるという力に由来しています。

それは、他者をその人の存在の中で肯定し確認する（Buber 1970, Tillich 2000）、ある種の愛です。祈り、瞑想、マインドフルネスおよび他の訓練は、セラピストが無条件の積極的関心である愛の技術の開発を可能にします。

この種の愛は、受身的なものではなく、マルティン・ルーサー・キング 'anything goes'［神の愛はすべてを突破する。「汝の敵を愛せよ」も可能である］という言葉でそのスタンスを表現しています。

彼は Agape という種類の愛情を、「活動的な愛」、「コミュニティを回復するためにどんなことでもやる意欲」、差別と圧迫に対する彼の非暴力抵抗の倫理の根拠であると書いています（King 1963）。それは平等と多様性に関しての政治的・革命的な構えです。一種の「公平の暴政」（Fromm 1956, Thorne 2012）と同様に、皆と同じとみなすことではなく、むしろ皆を同じ価値があるが異なるものだと認めることです。

その革命的な性質は、例えば制度化や専門家養成の人間性喪失の過程（Mearns & Thorne 2000）への挑戦でもあります。人間らしい種類の愛情です。このような愛情が欠けていて、セラピーの実践が非倫理的なときは、無関心や無視が存在します（キーズ, S.［三國・中鉢（監訳）、梶原（訳）］2015, pp.87-89）。

以上の考察では、ロジャーズの「来談者中心療法」すなわち個人のレベルのみならず、ロジャーズの「パーソン・センタード・アプローチ」すなわちグループやコミュニティ、もっと大きい領域のレベルにおいても、「無条件の肯定的尊重」＝「神の愛」「無償の愛」「与える愛」「アガペ」が重要であることが強調されているのである。

　ところで、ハビエル・ガラルダ［Javier Garralda］は、アガペの特徴を、①「アガペーは実践である」②「アガペーは痛みを感じるまで愛する」③「アガペーは自由である」④「アガペーは対等である」⑤「アガペーは問題の原因を探る」⑥「アガペーはさしあげる」⑦「アガペーは献身する」と7つにまとめている（ガラルダ，J. 1995, pp.18-26）。これら7つの特徴を、カウンセリングの視点から考察すれば、次のようになるだろう。

① 「思いやり」の心をもつことは大切だが、一歩進んで、その人の「思い」を実際に傾聴すること。
② 共に苦しみを背負うこと（compassion）。
③ クライエントが自由に語るのと同じく、カウンセラーも、その関係の中で自由に振る舞うこと。
④ クライエントとカウンセラーは、治療される立場・治療する立場といった上下関係にはないこと。クライエントとカウンセラーは究極的には共に自己創造を目指して互いの人生を歩んでいる存在であること。
⑤ 表面上の原因（例：いじめられているから学校に行か

ない)ではなく、もっと根本的な原因(例:「善(よ)く生きる」ことが妨げられている。どう生きて行ったら良いかわからない)を探ること。

⑥ カウンセラーはクライエントが「善く生きる」ことに志向し始めたことを心から喜ぶこと。そしてカウンセラー自身も「善く生きる」ことに志向すること。

⑦ カウンセラーは自分でやっていることを誇らない・吹聴しない、黙ってクライエントのために「祈り」つつ耳を傾けることである。

Ⅳ. おわりに — まとめに代えて —

　以上、ロジャーズのカウンセラーの三条件の内の一つ「無条件の肯定的尊重」とキリスト教における「アガペ」概念の関係を検討してきた。その結果、「無条件の肯定的尊重」と「アガペ」概念は、ほぼ同定できることが明らかになった。
　ところで「アガペ」をどう考えるかは「キリスト教」をどう見るかに関わってくる。それには様々な観点があるが、その一つに「イエス=キリスト」をどう見るかがある。本章のまとめとして、最後に「イエス=キリスト」をどう見るかの三つの立場を紹介する。

(1) 「神人イエス」と見る立場

　これはキリスト教の一般的考え方である。一つの神は「父と子と聖霊」という三つの顔をもつという三位一体論（The Trinity）の肯定である。イエス＝キリストは神であり人である。イエス＝キリストは神と人間との仲介者である。イエス＝キリストの仲介者としての力をスピリチュアリティ（spirituality）という。スピリチュアリティとはスピリット（Spirit）の力、すなわち聖霊なる神（Holy Spirit）の力である。聖霊なる神の力とは、すべてを結びつける力である。つまり、イエス＝キリストは神と人間を結びつける力をもつ。したがって人間はイエス＝キリストに倣（なら）い神へ祈る。しかし、その「祈り」が現代では形骸化していないかという指摘もある。

(2) 「神の子イエス」と見る立場

　過度な「純福音主義」に基づくピューリタニズムの立場である。別な表現をすれば、聖書的ユニテリアン派である。そもそも神は一つであり、イエス＝キリストは「神」という存在の中に包摂・融合されている。これがロジャーズが育った家庭の信仰であり、ロジャーズの両親は自分たちは神によって救われる「選ばれた民」だと思っていた。「選ばれた民」であるからこそ、完全なる信仰、簡素・純潔・勤労を目指し、生活の中から極力「悪」を排除することが神の御意思にかなっていると考える。ロジャーズの子ども時代は労働と勉学が第一であり、一部の例外を除いて同年代の友人とは遊ばせてもらえなかった。

青年期になりロジャーズが比較的「リベラル」なピューリタニズムに基礎を置くユニオン神学校に入学の希望があると父に告げると、父は過度に「原理主義」的なピューリタニズムに重点を置く「純福音主義」のプリンストン神学校（Princeton Theological Seminary）にゆくのなら学費を出すという。これに反抗しロジャーズはユニオン神学校に入学する。ロジャーズは後年、勤労・勉学に徹した子ども時代を懐かしく回想していたりもするが、青年ロジャーズにとってはユニオン神学校入学は子ども時代の息苦しさから逃れたい一心であったろう。しかし、そのユニオン神学校も辞め、心理学者の道を歩み始めるのだが、それはその後60年余り続く「キリスト教信仰への沈黙」の始まりだった。それが解かれるのは死の前年である。最晩年のロジャーズはスピリチュアリティに言及したりするなど、「三位一体の神」に回帰しているのである。

（3）「人の子イエス」と見る立場

これは合理的ユニテリアン派の考え方である。比較的「リベラル」なピューリタニズムの立場と表現することもできる。三位一体論を否定し、第一位格（父なる神ヤハウェ）のみを真の神と認める。したがってイエスは一人の人間である。ただし、イエスは「普通の人間」なのではなく、高度に倫理的な人間である。人間はイエスのように一人の独立した存在として神と向き合う。しかし神の圧倒的な力に押し潰されない人間がどれだけいようか。現にロジャーズは合理的ユニテリアン派のユニオ

ン神学校に入ったものの、と言うか、入ったが故に、牧師の道を諦めることになる。

ユニオン神学校は自由主義（Liberalism）に基づくと言うが、それはあくまでも支持者の側から「自由」と見做（みな）されているのにすぎず、一般に人々が思い描く「自由」とは遠く隔たっており、教義的には極端なピューリタニズムと同様に厳しいものがあるのである。むしろ、イエスを「人の子」であり「信仰の模範」と見ることによって、イエスを人間を遥かに超えた「神の子」と見る他の立場よりも、同じ人間である以上、一層（いっそう）イエスに近づかなければならないと強迫的になるとも言える。

なお、ロジャーズの両親が勧めたプリンストン神学校も、ロジャーズが入学したユニオン神学校も、イギリス国教会に対して反旗を翻（ひるがえ）したピューリタン（Puritan：清教徒）の一派である「長老派」（Presbyterian）に属しているのである。その差は、プリンストン神学校が「純福音主義」＝「原理主義」を過度に重視する長老派（「神の子イエス」の立場）であるのに対して、ユニオン神学校が比較的（ひかくてき）「リベラル」な長老派（「人の子イエス」の立場）である、ということだけである。

後にロジャーズが確立するカウンセラーの三条件（①「純粋性」あるいは「自己一致」、②「無条件の肯定的尊重」、③「共感的理解」）を完璧に満たすのはイエス唯一人である。ロジャーズは「人の子イエス」に学び、自分の「普通の人間」としての限界はわきまえつつも、それをカウンセリングの実践・研究・教育という仕事の中で、パーソンセンタードな生き方の中で、

生かしていく道を選んだと思われる。

引用文献

Buber, M. [translated by Kaufmann, W.A.] (1970) *I and Thou*. New York : Charles Scribner Sons.

フォックス, R.J. [伊東博（訳）] (1968)「ロージァズと私」友田不二男・伊東博・佐治守夫・堀淑昭 [編] (1968)『ロージァズ全集 18 わが国のクライエント中心療法の研究』岩崎学術出版社、pp.389-410。

Fromm, E. (1956) *The Art of Loving*. New York : Harper.

ガラルダ, J. (1995)『アガペーの愛・エロスの愛 — 愛の実践を考える』講談社。

キーズ, S. [三國牧子・中鉢路子（監訳）、梶原律子（訳）] (2015)「愛情：三条件との関係」野島一彦 [監修]、三國牧子・本山智敬・坂中正義 [編著] (2015)『ロジャーズの中核三条件〈共感的理解〉カウンセリングの本質を考える③』創元社、pp.86-98。

King, Jr., M.L. (1963) *Strength to Love*. New York : Harper & Row.

久能徹 (1988)「ロジャーズとロジャーリアン (Ⅶ)」『臨床心理学研究』（日本臨床心理学会）26 (1)、pp.26-32。

Mearns, D. & Thorne, B. (2000) *Person-Centered Therapy Today : New Frontiers in Theory and Practice. London* : Sage.

日本聖書協会 (1982)『舊新約聖書』（文語）。

Rogers, C.R. (1951) *Client-Centered Therapy : its Current Practice, Implications, and Theory*. Boston : Houghton Mifflin.

Rogers, C.R. (1957) "The Necessary and Sufficient Conditions of Therapeutic Personality Change." *Journal of Consulting Psychology*, 21 (2), pp.95-103.

Rogers, C.R. (1959) "A Theory of Therapy, Personality, and Interpersonal Relationships, as Developed in the Client-Centered Framework." In. Koch, S. (Ed.) Psychology ; *a study of science,* vol.3, *Formulation of the Person and the Social Context*. New York : McGraw-Hill, pp.184-256.

Rogers, C.R. (1962) "The Interpersonal Relationship : The Core of Guidance." *Harvard Educational Review*, 32 (4), pp.416-429.

Thorne, B. (2012) *Counselling and Spiritual Accompaniment : Bridging Faith and Person-Centered Therapy*. Chichester, UK : Wiley-Blackwell.

Tillich, P. (2000) *The Courage to Be*. New Haven, London : Yale University Press.

ヴェーバー, M.［大塚久雄（訳)］(1989)『プロテスタンティズムの倫理と資本主義の精神』[改訂版] 岩波書店。

Weber, M. (2013) *Die protestantische Ethik und der Geist des Kapitalismus*. [Vollständige Ausgabe, 4. Auflage.] München: Verlag C.H.Beck.

第3章

C.R. ロジャーズのカウンセラーの中核三条件におけるキリスト教的側面
―(3)「共感的理解」について―

Abstract: Carl Ransom Rogers proposed three conditions required of counselors: (1) genuineness or self-congruence, (2) unconditional positive regard, and (3) empathic understanding. Only Jesus Christ completely met all these conditions. This study examined christian aspects of empathic understanding. The keyword for exploring empathic understanding given by Jesus is "the least of these." There were three phases in the process through which Jesus achieved complete empathic understanding: (1) To stand below "the least of these." (2) Mutual understanding between Jesus and "the least of these," i.e. compassion. (3) Walking with "the least of these," i.e. accompanying. Rogers came to recognize in his adolescence that Jesus was the son of a human being, not the son of God. If Jesus were the son of God, he would be a faraway existence, only to be looked up to. On the other hand, if Jesus were the highly ethical son of a human being, Rogers might be able to reach him. Rogers decided to take the latter perspective, and kept developing as a counselor, following Jesus's way of life, which corresponded to the three phases described above.

要約:C.R.ロジャーズはカウンセラーの三条件を提唱している。それは①「純粋性」または「自己一致」、②「無条件の肯定的尊重」、③「共感的理解」である。カウンセラーの三条件を完全に満たしているのはイエス＝キリスト唯一人である。このうち本章では③の「共感的理解」のキリスト教的側面を検討する。イエスの「共感的理解」という面を探究する場合のキーワードは「最も小さき者」である。イエスが完全なる「共感的理解」を達成させていくプロセスには次の3段階がある。第1段階:「最も小さき者」の下に立つ。第2段階:「最も小さき者」との相互理解―了解―。第3段階:「最も小さき者」と共に歩む―同行―。青年期のロジャーズは、イエスは「神の子」ではなく「人の子」であるとの認識に達する。イエスが「神の子」であれば、それは仰ぎ見るだけの遠い存在である。その一方で、イエスが高度に倫理的な「人の子」であれば、ロジャーズも、そこに到達できる可能性が芽生える。ロジャーズは後者の立場を採った。そしてロジャーズは、イエスと同じ道をカウンセリングの世界で歩み続けたのである。その道とは、上述したイエスの3段階に対応しているのである。

キーワード (Key Words):イエス＝キリストとカール・ランソム・ロジャーズ (Jesus Christ and Carl Ransom Rogers)、キリスト教と来談者中心療法 (Christianity and Client-Centered Therapy)、カウンセラーの三条件 (Three conditions required of counselors)、共感的理解 (Empathic understanding)、「最も小さき者」の下に立つこと (Standing below "the least of these")

I. はじめに ― 問題の所在 ―

　本書ではC.R.ロジャーズ（Carl Ransom Rogers）[なおミドルネームのランソム（Ransom）には「贖罪（しょくざい）」という意味もある]、及びその理論・実践とキリスト教の関係について検討していくために、彼の主張する「カウンセラーの三条件」（1. 純粋性 [genuineness] または自己一致 [self-congruence]、2. 無条件の肯定的尊重 [unconditional positive regard]、3. 共感的理解 [empathic understanding]）について、それぞれキリスト教的背景を掘り下げて検討したい。ただし紙幅の関係から本章は三条件のうち「共感的理解」を取り上げ考察を試みる。

　ところで、ロジャーズの言う「カウンセラーの三条件」とは何であろうか。1957年に発表された「治療的人格変容の必要十分条件」（The Necessary and Sufficient Conditions of Therapeutic Personality Change）では次のように述べている。

　　建設的な人格変化を起こすためには、次に示すようないくつかの条件が存在し、またある程度の期間継続することが必要である。
　1. 二人の人間が心理的接触の中にいること。
　2. 我々がクライエントと名付けた第一の人物は、不一致の状態にあり、傷つきやすいか不安な状態であること。

3. 我々がセラピストと名付けた第二の人物は、一致しているか、この関係の中で統合していること。
4. セラピストは、無条件の肯定的尊重を、クライエントに対して経験していること。
5. セラピストは、クライエントの内在的な参照枠について、共感的理解を経験していて、この経験を、クライエントに、どうにか伝えようと真剣に努力していること。
6. セラピストの共感的理解と無条件の肯定的尊重が、クライエントに対して、最低限度でも伝達されていること。

他の条件は一切必要ない。これらの6つの条件が存在し、且つある程度の期間継続できれば、それで事足りる。建設的な人格変容のプロセスが、その結果として起こっているだろう（Rogers, C.R.1957, pp.95-96 からの引用者訳）。

For constructive personality change to occur, it is necessary that these conditions exist and continue over a period of time:
1. Two persons are in psychological contact.
2. The first, whom we shall term the client, is in a state of incongruence, being vulnerable or anxious.
3. The second person, whom we shall term the therapist, is congruent or integrated in the relationship.
4. The therapist experiences unconditional positive regard for the client.
5. The therapist experiences an empathic understanding of the client's internal frame of reference and endeavors to communicate this experience to the client.
6. The communication to the client of the therapist's empathic understanding and unconditional positive regard

is to a minimal degree achieved.

No other conditions are necessary. If these six conditions exist, and continue over a period of time, this is sufficient. The process of constructive personality change will follow (Rogers, C.R.1957, pp.95-96).

1960年代になると、「治療的人格変容の必要十分条件」は「カウンセラーの中核三条件」として①「純粋性」または「自己一致」、②「無条件の肯定的尊重」、③「共感的理解」にまとめられる。筆者などは長い間、この三条件を満たす「人間」は、どれくらいいるだろうかと考えるうち、ロジャーズ本人も例外ではなく、やはり「人間」には無理なのではないかと考えるようになった。すなわち、三条件を完璧に満たすのはイエス=キリスト唯一人ではないかと考えるようになった。これが、本研究の出発点であった。

なお、ロジャーズは前掲論文（Rogers, C.R.1957）で「共感的理解」を次のように解説している。

　クライエントの個人的世界を、あたかもあなたのものであるかのように感じ、その上で「まるで〜のように」という性質を絶対に失わないようにしている――これが共感であり、そしてこれがセラピー［カウンセリング――引用者、以下同じ］の本質的なものだと思われる。クライエントの怒り、怖れ、あるいは混乱を、まるであなたのものであるかのように感じ、尚且つ、あなた自身の怒り、怖れ、あるいは混乱を、クライエント

のものに結び付けようとしないということに真剣に努力することが、条件であると述べているのである。クライエントの世界がセラピスト［カウンセラー］に明確になり、クライエントの世界をセラピスト［カウンセラー］が自由に動き回る時、クライエントにとっては明確にわかっていることをセラピスト［カウンセラー］も理解していること、またクライエントにとっては、ほんの少ししか気づいていない自身の経験の意味をセラピストが言葉に表すこと、この両方の伝達が可能になるのである（Rogers, C.R.1957, p.98 からの引用者訳）。

To sense the client's private world as if it were your own, but without ever losing the "as if" quality — this is empathy, and this seems essential to therapy. To sense the client's anger, fear, or confusion as if it were your own, yet without your own anger, fear, or confusion getting bound up in it, is the condition we are endeavoring to describe. When the client's world is this clear to the therapist, and he moves about in it freely, then he can both communicate his understanding of what is clearly known to the client and can also voice meanings in the client's experience of which the client is scarcely aware (Rogers, C.R.1957, p.98).

一方、新約聖書の中から「共感的理解」に関すると思われるパウロの譬えを次に引用する（なお、以下、聖書からの引用は日本聖書協会1982による）。

體は一肢より成らず、多くの肢より成るなり。……（中

略）------げに肢は多くあれど、體は一つなり。眼は手に對ひて『われ汝を要せず』と言ひ、頭は足に對ひて『われ汝を要せず』と言ふこと能はず。否、からだの中にて最も弱しと見ゆる肢は、反つて必要なり。------（中略）------神は劣れる所に尊榮を加へて、人の體を調和したまへり。これ體のうちに分爭なく、肢々一致して互に相顧みんためなり。もし一つの肢苦しまば、もろもろの肢ともに苦しみ、一つの肢尊ばれなば、もろもろの肢ともに喜ぶなり。乃ち汝らはキリストの體にして各自その肢なり（コリント人への前の書第12章第14節-第27節）。

　上の引用から考えられるのは、被造物としての人間は完全な人は一人としていない。天の「父なる神」と地の「人間」との橋渡しをする「神の子」イエス＝キリストを筆頭に、「人の子」は互いに扶け合い、補い合って生きてゆく必要があるということである。被造物とは別の言葉を使えば「神の似像」（imago Dei）である。したがって、神の似像である以上、父なる神に向かいて、そこには価値の高い人、低い人といった差もない。皆「善い」のである。その証左として、創世記第1章には「神其像の如く人を創造り給へり」（第27節）、「神其造りたる諸の物を視給ひけるに甚だ善かりき」（第31節）とある。

　イエス＝キリストを筆頭に「人の子」は扶け合うのだが、その根拠は何だろうか。それは「最も小さき者」という概念の中にある。

　聖書による「最も小さき者」とは、神が選ばれた「世の愚な

る者」「世の弱き者」「世の卑しき者」「軽んぜらるる者」「無きが如き者」(コリント人への前の書第1章第27節-第28節) であるが、より具体的には、子ども、女性、病気の人、障害のある人、飢えている人、身体を売る人、罪人、奴隷、取税人、羊飼い・豚飼いなどの牧畜人、行商人、小売り商人、日雇い労働者、門番・女中・給仕などの奉公人、サマリア人、異邦人などを指す (滝澤1997)。それらの人々は、才能、財産、地位、教養もなく、強い者から、疎んじられ、蔑まれ、虐げられ、痛みつけられ、押し潰されていて、いわば一見、自分の内にも外にも自分を衛る力を見い出せない人々である。

マタイ傳福音書第25章に「最も小さき者」に関するイエス＝キリストの次のような御言葉がある。「まことに汝らに告ぐ、わが兄弟なる此等のいと小さき者の一人になしたるは、即ち我に為したるなり」(第40節)、「誠になんぢらに告ぐ、此等のいと小きものの一人に為さざりしは、即ち我になさざりしなり」(第45節)。イエス＝キリストのこれらの言葉は、自分と「最も小さき者」を同一視しているかのようにも採れる。事実、神に対して（ヘブライ語あるいはアラム語で）Abba（父）と呼びかけ祈りを捧げる際（マルコ傳福音書第14章第36節）のイエス＝キリストは、自らを「最も小さき者の一人」（父なる神の子）と位置付け（三好1987）、それに喜悦している（ルカ傳福音書第10章第21節-第22節）。

このように、イエス＝キリストも「最も小さき者の一人」ならば、上の引用を含むマタイ傳福音書第25章第31節から第

46節までの「最後の審判」の譬(たと)えには、イエス＝キリストが如何(いか)に自ら「最も小さき者の一人」として他の「最も小さき者」と真摯に関わったかが、よく描かれていることにもなるのである。

したがってイエス＝キリストも「最も小さき者」の一人なら、当然、私たちすべてが「最も小さき者」ということになり、互いに相手より下に立ち、互いに相手の話に耳を傾け、互いに愛の実践を行うことが必要になるのである。これを出発点として、次節（第Ⅱ節）では「最も小さき者」の相互理解は如何(いか)にして可能になるかを「了解」という概念の中に探る。第Ⅲ節では「最も小さき者」と共に歩むカウンセリングの特徴を「同行(どうぎょう)」概念の検討を通して行う。第Ⅳ節では「了解」から「同行」を可能にするためには、どうしたらよいかを「最も小さき者の下に立つ」という点から考察する。第Ⅴ節では「ハーバート・ブライアンの事例」（1942）の中でのロジャーズの「不適切な応答」について検討する。そして第Ⅵ節では本章全体のまとめを試みる。

Ⅱ. 「最も小さき者」の相互理解 ― 了解 ―

「了解」（Verständnis）という概念は、その対立概念である「説明」（Erklärung）と対比されて、1913年に精神病理学者のカール・ヤスパース（Karl Jaspers）によって提出された概

念である（Jaspers, K.1923）。これは1894年のヴィルヘルム・ディルタイ（Wilhelm Dilthey）による「私たちは自然を説明し、私たちは心的生を了解する［Die Natur erklären wir, das Seelenleben verstehen wir.］── 引用者訳」（Dilthey, W.1957, S.144）という提唱を受けて、その概念をヤスパースが精神病理学の立場から発展させたものである。前者の「説明」が、対象を客体化して自然科学的因果連関を明らかにしようとする、いわば「外からの認識方法」であるのに対して、後者の「了解」は、対象の体験に共感を寄せ、その体験を追体験しようとする、いわば「内からの認識方法」である。

　一方、「最も小さき者」と共に歩むカウンセリングにおいても、クライエント・カウンセラーの双方は、相互にかけがえのない「主体」（subject）である。この際の英語のsubjectは「主体」と訳される場合と「主観」と訳される場合があるが、その両方の意味を考える必要がある。つまり「最も小さき者」と共に歩むカウンセリングにおける「了解」とは、クライエントとカウンセラーの双方が、それぞれ「主体」（subject）として、互いに「主観」（subject）を開示しあい、それを一つの世界として共有し分かち合う（sharing）プロセスを言う。もし仮にカウンセラーがクライエントを自分とは切り離された人間として「客体化」した場合、すなわち「操作対象」として「カウンセリングを行い治してやる」という態度で接した場合、クライエントはカウンセラーに失望し、「最も小さき者」と共に歩むカウンセリングにおける関係は崩れ去る。

また、そのカウンセリング過程において、クライエントとカウンセラーが「客観的な事実関係」ばかりを述べ、お互いの喜び・怒り・悲しみ・苦悩・願望・希望・意図・意志といった、その人にとっての「主観的現実」を意識的に、あるいは無意識的に排除していた場合、クライエントとカウンセラーお互いの深い相互理解・相互了解による自己変容（self-transformation）が起こりようもない。つまり「最も小さき者」と共に歩むカウンセリングとは、クライエントとカウンセラーが互いに「主体」としてかかわりながら、双方の人格的成長を目指して、自らの「主観」を開示しあい、相互理解・相互了解の道へと向かうプロセスそのものだと言えるのである。

　したがって「最も小さき者」と共に歩むカウンセリングは「その人［クライエント―引用者、以下同じ］の主観の世界に自分［カウンセラー］の主観の世界をparticipate（関与させる）しながら、両世界をshare（分かち合う）することに努める」（伊藤1998a, p.53）ことを基本に置き、さらに「 その人［クライエント］と共に苦しみ、共に悩み、共に歓び合うという」（伊藤1998a, p.53）関係を目指すカウンセリングと言えるのである。「最も小さき者」と共に歩むカウンセリングにおいて、クライエントとカウンセラーが「相互に主体として出会いつつ一つの世界を共有しているとき」（伊藤1997, p.151）、クライエントとカウンセラーは「相互に内在的に融合し、共に生かされつつ生きていることを自覚し、かつ自分を生かしてくれている魂に気づき、深い感謝の念を抱きつつ、よく生きること

に志向する」(伊藤 1995a, pp.68-69)。この際、「互いに相手の主体性を認め、相手の内面の世界に共感し、それを受容し、そして相手を尊重［肯定］し、同じ方向［人類普遍の恒久平和の創造、絶対安心の実現、そして生きがいある人生を歩み続ける、という方向］にむかって一体となって人生修行しはじめる［同行する］ならば、両者完全とはいえないまでも、相互に理解しあえる」(伊藤 1995a, p.57) のである。それがここで言う「最も小さき者」と共に歩むカウンセリングにおける「了解」という概念である。

Ⅲ.「最も小さき者」と共に歩むカウンセリング
　　― 同行 ―

「最も小さき者」と共に歩むカウンセリングにおけるクライエントとカウンセラーは「縁によって結ばれ、共に弱いもの［最も小さき者 ― 引用者、以下同じ］として『同行する』ように運命づけられた関係を大切にし、クライエントと共に真実の自己の発見と、真実に生きるという自覚をもち、［「最も小さき者」と共に歩むカウンセリングにおける出会いとかかわりを］真摯に生きるひとつの契機と受けとめるのである」(伊藤 1997, p.147)。この同行の姿勢により、クライエント・カウンセラーの双方が「意義深く生き、豊かに自己を創造し、充実した人生を歩む」(伊藤 1995a, p.68) という方向に志向していく。

一方、カウンセラー側からの視点に限定すると、カウンセラーはクライエントを「同行のひととして受容することを臨床家［カウンセラー — 引用者、以下同じ］としての自分の生きる課題とし、修行する」（伊藤1997, p.161）のである。それは「一人ひとりの人生に深く関わることが研究者［カウンセラー］の生命になっているゆえに、その一人ひとりの出会いの瞬間から、その人生に全面的に責任を有することになる」（伊藤 1998b, pp.173-174）からである。したがって、カウンセラーは常に「自分とは何か、自分の役割とは何か、よく生きるとはどういうことかといった問いを自分自身に課してみる」（伊藤 1989, p.14）必要があるのである。

「最も小さき者」と共に歩むカウンセリングにおける「同行」とは、人間と人間とが互いに主観を開示しあい、真理（絶対善）に向かって人生修行を積み重ねることを指す。絶対善に向かってとは、絶対者の大いなる世界（精神的次元 spiritual dimension）に向かってという意味である。それへのアプローチは「自己超越（self-transcendence）の叡智（wisdom）」により可能になる。この場合の自己超越とは、自己が他者や事物や宇宙など、あらゆる森羅万象と一体化していることへの気づきである。つまり、自己の心身の状態や自然界の出来事をあるがままに受容している状態である。善と悪、真と偽、聖と俗、悟と迷などの二分法を超えて、それに捉われない境地である。その「智慧」にアプローチする際の心的作用を「叡智」と呼ぶのである。

一方、人間と人間との関係に視点を限定すると、同行は、同一地平線上で相互に主体として出会うことから始まる。その際、年齢・性別・人種・障害の有無・健康か病気かなどにかかわらず、それぞれ「最も小さき者」として苦悩を背負いつつも、ありのままの自分として等身大の人間同士が「出会う」のである。この場合の「出会い」（encounter）とは、互いにかけがえのない「汝」であり「我」であること、すなわち主体同士であることを前提として、互いに相手の心と身体の不可分なる現象を了解していくこと、すなわち心理的次元（psychic dimension）と身体的次元（somatic dimension）とが融合した世界にアプローチしていくことを指し、さらにそれが高次の精神的次元（spiritual dimension）、すなわち大いなる他者の世界への超越へと繋がっていくのである。

Ⅳ．「最も小さき者の下に立つ」とは

　例えば、災害被災者のカウンセリングを行っていると、クライエントから、身体がだるい、頭が痛い、おなかが痛い、食欲がない、夜寝られないなど、身体の不調が訴えられることがある。これには対しては1対1で十分に受けとめることが必要である。無論、それは医療的処置を施すことではなく、心からクライエントである被災者の人の話に耳を傾けること、すなわち「傾聴」（active listening）による心のケアを行うのである。

そのことにより、カウンセラー側のクライエント「理解」（understanding）が進み、さらに、そのクライエントをカウンセラーは真の意味で「受容」（acceptance）することができるようになる。クライエントがカウンセラーから真に受け容れられた体験は、自分自身を真に受け容れる「自己受容」（self-acceptance）につながる。そして、その過程を歩むことがすなわち「治癒」（healing）の道とパラレルになるのである。

一方、クライエントによっては、同じ話を何度も繰り返して話される人がいる。その時、カウンセラーは、どのような態度を採るか。一番下手なやり方は「その話は、もう何度もお聴きしましたよ」と直截に指摘することである。その際、この人は、もう二度と口を開こうとしなくなるかもしれない。このような場合、一番良いのは、何度同じ話をされても、その都度、初めて聴いたかのように聴くことである。「そんな芝居がかったことはできない」と言うカウンセラーもいるが、真の「傾聴」とは、実は、このような態度を指すのではないかと思われる。

これを端的に表現するものとして新約聖書の中のパウロの筆とされる「ロマ人への書」（第12章第15節）の次のような言葉がある。「喜ぶ者と共によろこび、泣く者と共になけ」。これほどカウンセラーの基本的態度を簡潔に示した言葉はなく、それを敢えて技法的に見るならば「傾聴」の姿勢ということになるのである。

ところで「傾聴」を続けることで、クライエントへの「理解」が進むわけだが、その「理解する」（understand）の語源を辿

れば「下に立つ」に至る。「下に立つ」とは、正に上からの支援ではなく、下からの支援が基本であることを示している。それは「下に立つ神」(humbled God) であるイエス＝キリストをモデルにしている。イエス＝キリストは、悩める人、傷ついた人、病める人の常に下に立ち、それらの人々ひとりひとりを傾聴し、理解し、受容し、そして切り離せないものとしての「心と身体」を治癒へと導いたのである。

さらに言えば、この場合の「下に立つ」とは次の二つの意味をもつ。

第一に「下に立つ」とは humble の意味であり、自己を低くすることによって、己の卑小さを感じ謙虚になることである（佐藤 1983）。新約聖書「ピリピ人への書」（第2章第3節第4節）では「おのおの謙遜をもて互に人を己に勝れりとせよ。おのおの己が事のみを顧みず、人の事をも顧みよ」とある。また「ルカ傳福音書」（第14章第11節）には「凡そおのれを高うする者は卑うせられ、己を卑うする者は高うせらるるなり」とある。

第二に「下に立つ」とは understand の意味である（伊藤 1995b）。前述したように語源的にも understand は「下に立つ」の意で使われていた経緯もあるが、無論、一般的には周知の如く「相手を理解すること」を指す。したがって、この場合の「下に立つ」とは、クライエントとカウンセラーが、互いに理解し合い、受け容れ合い、補い合い、生かし生かされて、自己創造しながら、共に成長していく過程を指すことになる。

つまり、カウンセラー自らも「至らぬ者の一人」「最も小さき者」として、自己を低くし、己の卑小さを感じながらも、それを受け容れ、謙虚な態度で、傾聴することを基本に置き、クライエントを真の信頼をもって理解し受け容れていくことが、「最も小さき者」と共に歩むカウンセリングの出発点となる。また、そのプロセスは、クライエントとカウンセラーの互いの人生に癒しや平安をもたらすであろうと考えられるのである。

V. 「ハーバート・ブライアンの事例」(1942)
―ロジャーズの「不適切な応答」をめぐって―

　第V節では、ロジャーズの「ハーバート・ブライアン（Herbert Bryan［仮名］）の事例」(Rogers, C.R.1942, pp.88-108) を検討したい。ブライアンは30歳弱の男性で、表現力は豊かであるし、知的な興味も持っているが、ある神経症に罹患していた。このカウンセリングは非指示的方法により行われ、合計8回の面接はすべて録音され、逐語録に起こされ、それに対してロジャーズのコメントが付されて発表された。筆者は20代後半に初めて、この文章を読んだ時は、全般に受容的態度を貫いているロジャーズの態度に感銘を受けた。また、それ以上に次に引用する自分の失敗を素直に認められる度量の広さにも感嘆した。

S23［Subject 対象者の発言23 — 引用者、以下同じ］まあ、肯定的な気持ちをお話しすることはもちろんできるでしょう。しかし否定的な気持ちをお話しします。私［ブライアン］は、極端に堅苦しいビクトリア時代的そしてピューリタン［清教徒］的である生活様式で大きくなりました。私の母は私が友人と［文脈からはおそらく「昆虫の交尾の」］話をしているというだけの理由で私を叱責しました。母は、そのことをひどく悪いことだと感じたのです。私たちは気づきましたね、母は想像を極端に進め、とても様々な動物、進化の先の動物［人間］まで、私たちが話題にしたと思い込んで、母は恐ろしく思っていたのです。私は母がまったくドラマチックな山場まで想像していたことを覚えています。母は「ねえ、あなたたちは 蝗(いなご) の話をしていたの？」そして「動物たちの話をしていたの？」さらに「人間の話をしていたの？」と言いました。あるクライマックスまで話を進めてしまい、そして母は私を叱責したのですよ、ただ単に事実を話していただけなのに。私は、そのことを話すだけでも不快になるのなら、もしそのような行為をするのなら、もっと不快なことになるのだろうと思いました。それから私の父は明確な禁欲的な考え — 中世的概念なのでしょうか —「肉体的苦行」— そのようなものを持っていました。父が若者だった時、父は断食を続けたりなど、あらゆることで自分自身のスピリチュアルな面を鍛えようとしたのです。父は今では、そのようなことからは脱却しているようですが、若い時の父は、かなり極端だったようです。私は、それは父の母［ブライアンから見て「祖母」］が関係していると思います。祖母は極端なカルヴィニスト［カルヴァンの考えを継承し、「聖書はすべて正しい」というように、聖書を最高の権威と考え、その聖書に 則(のっと) った厳格な信仰生活を強調するキリスト教プロテスタントの一派］であって —

トランプで遊ぶことやダンスをするようなことなども、その教義に反すると考えていました。私の父は祖母に極めて密着していました。祖母は父の人生を支配していたと私は確信を持って言えます。

C24 ［Counselor カウンセラーの発言 24］ そういうことで、あなた［ブライアン］は、あなたのご家族が、あなたの苦難の基礎に大きく関わっていると感じておられるのですか？

S24 まあ、心理学的に、そして哲学的にも、あなた［ロジャーズ］は、そこまで遡(さかのぼ)れると私［ブライアン］は確信しています。しかし、そう、これは正(まさ)しく条件付けの問題と言えるでしょう、しかし、私が分からないのは条件付けであると頭で理解することにセラピー［カウンセリング］としての効果はあるのでしょうか、あるいは、何か更に大仰なことをしなければならないのでしょうか。すべての子供時代の罪の意識に関する出来事を回想し、潜在意識から意識へと持ってくる、つまり無意識を意識化すれば問題は解決されると考えていましたが、でも何か大きなことを見落としているのではないか、同じく何か大きなことを思いついていないのではないか、あるいは、それが理解できても何ら良いことはないのではないか、と考えてしまいます。

C25 あなた［ブライアン］がなさってきたすべてのことが、あなたを問題から自由にしてはくれなかったということですか？

S25 そうです。私［ブライアン］が不快な子ども時代のエピソードを考える時、よくなるどころか、むしろ悪くなるんです。そして私は —。

C26 率直に言って、あなた［ブライアン］は、たくさんの年月を、この問題［神経症］と共に生きて来られたんですね。

なぜ、それが今、さらに悪くなっているのか、あるいは、どうして問題解決のためとはいえ、同じことばかり繰り返してしまうのでしょうか？

S26 そうですね、それは正(まさ)に耐えられない現実にまで近づいているんです。今の状態で生きているなら、むしろ死んだ方がましです。

C26 ［C26の自分の発言に対するロジャーズのコメント］なぜカウンセラー［ロジャーズ自身］は、ここで邪魔をしたのだろうか？ これは感情の流れをぶち壊す不必要で指示的な質問だと思われる。その結果、(S28)で発言が途切れて終わる短いクライエントの反応を引き出していて、それ故、カウンセラーは、もう一回さらに強い指示的質問で、それを切り抜けなければならなかった。これは再び、元々、訴えられていた症状の反復を導く結果となった(S29)、それに沿っていくことに集中すると、ようやく感情の理解がリセットされた。これはカウンセラーのぎこちないやり方がセッションの展開を遅らせたことに関するレベルの低い一例である（Rogers, C.R.1942, pp.93-95 からの引用者訳）。

S23. Well, of course that would account for the positive feelings. Now to account for the negative feelings. I was raised in a very Victorian and puritan manner. My mother even whipped me one time for talking with a friend of mine. She thought it was terrible. We had noticed, well, different animals and so forth, and she was very horrified. I remember she worked up to quite a dramatic climax. She said, "Well, did you talk about locusts?" and "Did you mention animals?"

and then "Did you mention human beings?" Worked up to a climax, and then she whipped me for, well, for even mentioning the facts. I suppose I assumed that if it were horrible to talk about, it would even be more horrible to do. Then my father had very definite ascetic notions — it's a medieval concept — "mortification of the flesh" — that sort of thing. When he was a young man he went on a fast and all that sort if thing to make himself more spiritual. He's outgrown that sort of thing, but he was very intense that ways as a young man. I think that comes from his mother. She was very much of a Calvinist — very much opposed to card playing, dancing, things like that. He had quite an attachment to his mother. I'm sure she dominated his life.

C24. So that you feel your folks are somewhat the basis of some of your difficulty?

S24. Well, psychologically and of course philosophically you can carry it back there, I'm sure. But, yes, I'd say this is entirely a matter of conditioning. But I don't know whether realizing one's conditioning should effect a therapy or whether there must be something more. I used to have the ideas that if I would recall all the childhood events consciously and bring them up to my consciousness from the subconscious, there would be release there, but either I haven't thought of something, either there is something there that has't been thought of, or realizing it hasn't done any good.

C25. Whatever you've done hasn't worked enough to free you from the problem, is that it?

S25. No, when I do think of unpleasant childhood episodes, it seems to intensify rather than do it any good. So I —

C26. Then you've simply lived with this for quite a number of years. Why is it any worse now, or why are you trying definitely to do something about it?

S26. Well, it's just reached the point where it becomes unbearable. I'd rather be dead than live as I am now.

C26. Why did the counselor interrupt here? This seems to be quite unnecessary directive question breaking into the flow of feeling. It leads to brief client responses ending in a pause (S28), which the counselor has to break with another rather directive question. This in turn leads to a repetition of the symptoms originally described (S29), and it is only following this that a fresh start in recognition of feeling is made. This is a minor example of the way in which clumsy handling by the counselor can delay progress (Rogers, C.R.1942, pp.93-95).

筆者は最初に読んだ20代後半の時から上の論文を何度も読み返してきたが、今回また読んでみて新たな気付きがあった。

ブライアンはS23で自分は「極端に堅苦しいビクトリア時代的そしてピューリタン的である生活様式で大きくなりました」と述べている。また、理由は分からないが、友達と（おそらく昆虫の交尾のことを）話していただけなのに母に叱責されたことを語っている。そして父は若い頃「肉体的苦行」を激しく行っており、その父の母（ブライアンから見て祖母）はカル

ヴィニズム（Calvinism）の信奉者で、例えば、トランプやダンスなどの娯楽も父に禁じていた。ブライアンが考えるに、父は祖母から人生を支配されていたのではないか、と語っている。

それに対してロジャーズはC24で「あなた［ブライアン］は、あなたのご家族が、あなたの苦難の基礎に大きく関わっていると感じておられるのですか？」と問う。ここがまずロジャーズらしくない「誘導的応答」である。そしてC26に対する自身へのコメントでロジャーズは「ブライアンの感情の流れをぶち壊す不必要で指示的な質問をしている」と自己批判する。ここで完全にロジャーズの「共感的理解」は停止している。C26ではロジャーズは「率直に言って、あなた［ブライアン］は、たくさんの年月を、この問題［神経症］と共に生きて来られたんですね。なぜ、それが今、さらに悪くなっているのか、あるいは、どうして問題解決のためとはいえ、同じことばかり繰り返してしまうのでしょうか？」と発言し、結果的にだがクライエントを責めている。

ロジャーズは、なぜ「共感的理解」を目指した非審判的・受容的態度がとれなかったのであろう。また、そのことを活字にして発表し、自分自身を批判するようなコメントをわざわざ付けているのか。それは端的に言ってロジャーズがブライアンの発言に「揺さぶられた」からだと思う。

「ビクトリア時代的」というのが「貴族的」という意味であれば、ロジャーズの原家族は正反対の生活をしていた。むしろ

「貴族的」な生活態度を嫌悪していた。しかし「ビクトリア時代的」というのが極端に堅苦しい生活ということであれば、ロジャーズの家族も同じであった。

　そして「ピューリタン的」ということは、ロジャーズの両親の信仰そのままであった。自分たちは神に選ばれ救われる人間であり、そのことの「確信」を深めるためには徹底した「勤労」に励む。それが度を越して「労働がすべてを癒す」とまで考えてしまう。

　一方、ブライアンの父は、その母（ブライアンの祖母）のカルヴィニズムに支配されていたと前述したが、ロジャーズの両親、特にロジャーズの母親も、ブライアンの祖母と同じく、カルヴィニズムに傾倒していた。ロジャーズは青年期に、その呪縛から逃れるために大変な思いをしているのである。

　以上、冷静な目で見れば、ブライアンの育った環境とロジャーズの育った環境は重なる部分も多いが、無論異なる所も多々あるのだが、ロジャーズにとっては、このセッションを通じて、自分の子ども時代・青年時代の両親との信仰上の葛藤に基づく苦悩が再現してしまったのかもしれない。それでC26のような普段はしないような「指示的質問」をしてしまったのではないか。ただし、このことは「発表しない」という方法で、言葉は強いが「隠蔽」できたはずだが、ロジャーズは正直にそのまま発表している。

　これはロジャーズの「罪の告白」なのかもしれない。「罪の告白」が言い過ぎだとすると、「人間としての不完全性の告白」

ではないか。つまり、イエス＝キリストに倣び＝学び、カウンセリング実践・研究を続けていたロジャーズが、先述したイエス＝キリストのように、自らを「最も小さき者」の一人として認知し始めた契機だったのではないか。だからこそ敢えて、この「失敗」を正直に明かすことで、自分は不完全な人間ではあるが、自分として精一杯、カウンセリングの実践と研究に精進することを宣言したのではないかと思われる。

このケース発表から10年以上が経ち、「治療的人格変容の必要十分条件」（1957）がまとめられるが、そこでロジャーズは「カウンセラーの三条件」はあくまで「カウンセリング関係において」あるいは「カウンセリング・セッション時において」ということを強調している。

いかなる時もいかなる場でも、カウンセラーの三条件を完全に満たしているのはイエス＝キリスト唯一人である。しかし、自分（ロジャーズ）とイエス＝キリストは異なる。若い頃、ロジャーズは、イエスは「人の子」であるが「高度に倫理的な人間」という立場を採っていた。これが正反対の考えをする両親とぶつかる原因であったのだが、両親が主張するようにイエスを仰ぎ見る「神の子」ではなく、同じ人間と考えるなら、ロジャーズは自分の目標にできると考えていた。しかし、イエスを人間と見ても、自分自身との大きな隔たりをロジャーズは感じ続けていたのではないか。一方、一般にも聖書理解を深めていけば、イエス＝キリストが御自分を「最も小さき者」と見做していたことがわかる。イエス＝キリストさえ「最も小さき

者」ならば「ましてや自分は」とロジャーズは考えたのではないかと思われる。

　24歳の頃にユニオン神学校（Union Theological Seminary in the City of New York）を退学後、亡くなる前年84歳の頃までの間、ロジャーズはキリスト教信仰に関して完全に「沈黙」していた。この「沈黙」には意味がある。これは「最も小さき者」として覚醒したロジャーズが自らに課した「行（ぎょう）」だったのではないか。「沈黙の行」を続ける中で、カウンセリング実践の中でクライエントの話を黙って傾聴する中で、「無条件の肯定的尊重」（unconditional positive regard）＝「神の愛」（Agape）を悟り、「最も小さき者」の一人として、人間として自分としての限界ぎりぎりまでの「純粋性」（genuineness）をもって「了解」し、「共感的理解」を他の「最も小さき者」であるクライエントたちへ向けながら、さまざまな人々とかかわり赦し赦されながら共に人生を意義深く歩んでいった（「同行（どうぎょう）」）のではないか。もっと言えば、クライエントの中に「神」を見、その関係の中で、ロジャーズは自分の中にも「神」がいることを実感できたのではないか。それにより、それまでの様々な罪を赦されることはないが、死んでも更に罪を背負っていく覚悟ができたのではないか。であるから、晩年に再び信仰（キリスト教）を語り始めたのではないかと思われるのである。

VI. おわりに ― まとめに代えて ―

　ロジャーズが提唱する「カウンセラーの三条件」（①「純粋性」あるいは「自己一致」、②「無条件の肯定的尊重」、③「共感的理解」）を完全に満たすのはイエス＝キリスト唯一人である。ロジャーズはイエスを「人の子」として見る。「人の子」として見ると言っても、自分たちと同じ「普通の人」として見るのではなく、「高度に倫理的な人間」として見る。イエスを「人間」であると見るならば、ロジャーズが一人の独立した人間として、イエスを目指すことは一応できる。しかし、キリスト教信仰の世界の中で、それを実行するのは不可能であるとロジャーズは悟る。そこでロジャーズは青年時代（24歳頃）神学校を退学し、心理学の道へ転身した。

　それから「キリスト教」への長い沈黙が始まる。はっきりと「キリスト教」に関することを再び発言するのは死の前年（84歳頃）のことであった。60年ほどの「沈黙」があったわけである。旧約聖書においては、信者の声を聞いても神は「沈黙」する。信者は自分たちの信仰が足りないから、神からの回答がないのだと考えた。ある信者たちは信仰から離れていった。しかし、ある信者たちは信仰を捨てず、ひたすら祈った。そのような信者の「沈黙」は「祈り」である。

　ロジャーズは、なぜ「沈黙」したのか。それはイエス＝キリストと同様に、自らも「最も小さき者」の一人であると覚醒し

たからである。そして他の「最も小さき者」であるクライエントの下に立ち、その話にただ黙って耳を傾けた。それを「共感的理解」の姿勢という。「理解する」（understand）は語源が示す通り、「下に立つ」ことであるが、「下に立つ」とは、それによってクライエントとカウンセラーの相互理解が進む、つまり「了解」関係が成立することである。

　様々な「最も小さき者」と「了解」関係を結び、共に生きていくことを「同行（どうぎょう）」という。ロジャーズの「沈黙」は、この「同行」、つまり「人生修行」であったのではないかと思う。それによって彼の罪が救われることはなかったが、死んでも罪を背負っていく覚悟ができ、安らかに昇天されたのではないか。それをロジャーズの「自己一致」あるいは「純粋性」と呼んで構わないと考える。そのことは同時に「無条件の肯定的尊重」という神の無償の愛（アガペ）に包まれることをも意味し、さらにその「アガペ」は、ロジャーズ自らも「最も小さき者」として、他の「最も小さき者」の「下に立つ」（「共感的理解」）ことを可能にした。これらのことを通じてロジャーズは「自分自身になる」ことを、その一生を通じて完成させていったのである。

　三章にわたる論究の最後に、ロジャーズのシカゴ大学当時の指導生の一人であるローガン・J・フォックス（Rogan J. Fox）が、ロジャーズの「隠れた祈り」について述べた文章を紹介し、一連の論考を閉じたいと思う。

大甕（おおみか）［1955年・昭和30年、茨城キリスト教短期大学（当時）で行われた夏季ワークショップ―引用者、以下同じ］でのある日の午後、ロージァズは、あるクライエントについて話していた。このクライエントはひどく絶望的になっていて、祈るようにその手を組み合わせて、"どうぞわたくしを助けてください"といった。ロージァズがいうのは、この人は私に対して祈っているように思われるけれども、私はこの人の祈りに答えることができないことを知っている。そこで彼は、想像のなかで、テーブルの向う側にまわって行って、この人といっしょになってお祈りをした。グループのひとりのメンバー―かなり神学の方向づけをもった人であるが―がロージァズに尋ねた。"先生がテーブルの向うがわの人といっしょになったとすれば、先生のおられた方にはだれが残っているのでしょうか？"と。ロージァズは微笑していたが、この人はいいつづけた。"先生は、祈りを聞くために神がそこにいたと信じているに違いない、と私には思われるのです。"と。ロージァズは、同意もせずに、この人の言葉に関心を示された。しかし私［フォックス］は、この観察に賛成したい。私は、ロージァズが、精神分析や指示派のカウンセラーたちが、彼が"神の役割をとる傾向（their tendency to play God）"と呼んでいるものをもっている、という批判をするのをいくどとなく聞いたことがある。ロージァズは、自分が神であるかのような役割をとることを好まない。自分が神でないことをよく知っているのである。しかし私は、彼がこのような立場を非常に強くとっているひとつの理由は、彼がある神の概念をもっていて、それが彼に自分自身の限界を知らせているからであると思うのである（フォックス，R.J.［伊東（訳）］1968, p.409)。

引用文献

Dilthey, W. (1957) *Abhandlungen zur Grundlegung der Geisteswissenschaften.* (7., unve-ränd., Aufl.) Stuttgart, Göttingen: Teuber, Vandenhoeck & Ruprecht.

フォックス, R.J.〔伊東博（訳）〕(1968)「ロージァズと私」友田不二男・伊東博・佐治守夫・堀淑昭〔編〕(1968)『ロージァズ全集18 わが国のクライエント中心療法の研究』岩崎学術出版社、pp.389-410。

伊藤隆二 (1989)「心理治療 psychotherapy をめぐって」伊藤隆二（編）(1989)『心理治療法ハンドブック』福村出版、pp.3-19。

伊藤隆二 (1995a)「臨床教育心理学の方法論的考察」『東洋大学文学部紀要』48、pp.49-81。

伊藤隆二 (1995b)「人間の価値と教育についての覚え書」『横浜市立大学論叢』20 (2)、pp.53-85。

伊藤隆二 (1997)「臨床教育心理学と『事例研究』の研究 ― 間主観経験を主軸に」『東洋大学文学部紀要』50、pp.145-173。

伊藤隆二 (1998a)「事例研究による教育心理学の再構築 ― 内からの覚醒を主題に」『東洋大学文学部紀要』51、pp.43-67。

伊藤隆二 (1998b)「現代の思想と人間形成の研究 ― フィランソロピズムへの道程」『お茶の水女子大学人文科学紀要』51、pp.170-185。

Jaspers, K. (1923) *Allgemeine Psychopathologie: für Studierende, Ärzte und Psycholo-gen.* (3. verm. und verb. Aufl.) Berlin : J.Springer.

三好迪 (1987)「神にアバと呼ぶイエスと小さき者への配慮」『小さき者の友イエス』新教出版社、pp.101-123。

日本聖書協会 (1982)『舊新約聖書』（文語）。

Rogers, C.R. (1942) "The Case of Herbert Bryan." In. Kirschenbaum, H. & Henderson, V.L. (Eds.) (1989) *The Carl Rogers Reader*. Boston, New York : Houghton Mifflin Company, pp.88-108.

Rogers, C.R. (1957) "The Necessary and Sufficient Conditions of Therapeutic Personality Change." *Journal of Consulting Psychology*. 21

(2), pp.95-103.

佐藤敏夫（1983）「自己を低くする神」『神学』（東京神学大学神学会）45、pp.15-20。

滝澤武人（1997）『人間イエス』講談社。

■著者紹介

鶴田　一郎　（つるた　いちろう）

名古屋大学大学院　教育発達科学研究科　心理発達科学専攻　博士後期課程　修了、博士（心理学）
現在　広島国際大学　教職教室　教員、臨床心理士

主な著書
共著：『失敗から学ぶ心理臨床』（星和書店）
　　　『心理臨床を終えるとき』（北大路書房）
　　　『カウンセリング心理学辞典』（誠信書房）　＊分担執筆
単著：『間主観カウンセリング』（西日本法規出版）
　　　『生きがいカウンセリング』（駿河台出版社）
　　　『人間性心理学研究序説』（大学教育出版）

C.R. ロジャーズの「カウンセラーの中核三条件」におけるキリスト教的側面

2018年5月20日　初版第1刷発行

■著　　者　——　鶴田一郎
■発　行　者　——　佐藤　守
■発　行　所　——　株式会社　**大学教育出版**
　　　　　　　　〒700-0953　岡山市南区西市855-4
　　　　　　　　電話（086）244-1268　FAX（086）246-0294
■印刷製本　——　モリモト印刷㈱

©Ichiro Tsuruta 2018, Printed in Japan

検印省略　　落丁・乱丁本はお取り替えいたします。

本書のコピー・スキャン・デジタル化等の無断複製は著作権法上での例外を除き禁じられています。本書を代行業者等の第三者に依頼してスキャンやデジタル化することは、たとえ個人や家庭内での利用でも著作権法違反です。

ISBN978-4-86429-523-9